D1933752

Wolfgang Hasenpusch

Humorzeichnen

Idee · Gestaltung · Anwendung

Wolfgang Hasenpusch

Humorzeichnen

Idee · Gestaltung · Anwendung

AUGUSTUS VERLAG AUGSBURG

CIP-Titelaufnahme der Deutschen Bibliothek

Hasenpusch, Wolfgang:
Humorzeichnen : Idee – Gestaltung – Anwendung / Wolfgang Hasenpusch. – 1. Aufl., 1. Nachdr. – Augsburg : Augustus-Verl., 1990
ISBN 3-8043-2686-2

Das Buch erschien ursprünglich in der Bauverlag GmbH, Wiesbaden und Berlin

Das Werk einschließlich aller seiner Teile ist urheberrechtlich geschützt. Jede Verwertung außerhalb des Urheberrechtsgesetzes ist ohne Zustimmung des Verlags unzulässig und strafbar. Das gilt insbesondere für Vervielfältigungen, Übersetzungen, Mikroverfilmungen und die Einspeicherung und Verarbeitung in elektronischen Systemen.

AUGUSTUS VERLAG AUGSBURG 1991
© Weltbild Verlag GmbH

Lektorat: Michael Schönberger
Layout: Barbara Krauss, Wiesbaden

Gesamtherstellung: Appl, Wemding

Printed in Germany

ISBN 3-8043-2686-2

Vorwort

Herzlichen Glückwunsch zu Ihrem Entschluß, in ein neues kreatives Gebiet einzutauchen. Humorzeichnen in der Freizeit ist eine relativ neue Aktivität.

Sie haben Karikaturen, Cartoons und Comics vielleicht schon in Illustrierten, in der Werbung, auf Plakaten oder in Comic-Heften bewundert. Warum soll man Humorzeichnen den professionellen Witzeschmieden, Werbegraphikern oder Pressezeichnern allein überlassen, zumal schon viele Amateure darin ein ausgedehntes und sie erfüllendes Hobby gefunden haben?

Humorzeichnen zeichnet sich durch die beiden Komponenten witzige oder humorvolle Einfälle und einfache, markante Gestalten aus. Humor und Witz ist der geistige Anteil der Humorzeichnung, die Zeichnung der musische Part.

Was Mitmenschen erheitert, läßt sich ebenso erlernen wie die entsprechende zeichnerische Darstellung. In den Zeitungen und Illustrierten, die in kurzen Zeitabständen Unmengen von gelungenen Humorzeichnungen brauchen, tauchen sowohl immer wiederkehrende Namen unter den Humorzeichnungen auf als auch dann und wann neue, bisher unbekannte. Das heißt, Humorzeichnen kann zum Beruf werden, allerdings kann eine humorvolle Zeichnung auch aus privatem Anlaß, in einem Brief beispielsweise, viel Freude bereiten.

Da Darstellungen in der Regel sehr einfach gehalten sind, fließen sie relativ schnell aus der Feder, dem Zeichenpinsel, dem Kugelschreiber oder dem Filzstift. Das entsprechende Erfolgserlebnis bleibt nicht aus. Daß man sich beim Zeichnen und Malen auch herrlich entspannen kann, haben viele schon erfahren. Normalerweise ist es etwas mühsam, einen Baum oder einen Menschen einigermaßen naturgetreu auf eine weiße Unterlage zu bannen. Es dauert oft Stunden. Die Humorzeichnung löst dieses Problem in wenigen Minuten. Sie ist einfacher, typischer.

Ist die Humorzeichnung durch ihre starke Motivationsfähigkeit nicht überhaupt der ideale erste Schritt in die Welt des Zeichnens? Ich bin überzeugt, daß der Leser, wie viele meiner Schüler in Volkshochschulkursen, von dem schönen Hobby des Humorzeichnens begeistert sein wird.

Wer der Meinung ist, er sei unbegabt, dem kann ich nur raten: Lassen Sie sich so etwas nicht einreden. Haben Sie erst ein paar tausend Humorzeichnungen gezeichnet, werden nicht nur ihre Bekannten Ihre Begabung rühmen.

Für das Humorzeichnen gibt es auch keine Altersgrenzen. In vielen meiner Kurse waren sowohl die Kinder um 10 Jahre mit ihren Comic-Idolen als auch die Rentner und Pensionäre mit ihrem Wunsch, der Welt mehr Humor abzuringen, die eifrigsten Schüler.

Mein Tip – halten Sie sich an die Weisheit der Chinesen: Auch der längste Weg beginnt mit dem ersten Schritt!

Wolfgang Hasenpusch

Inhalt

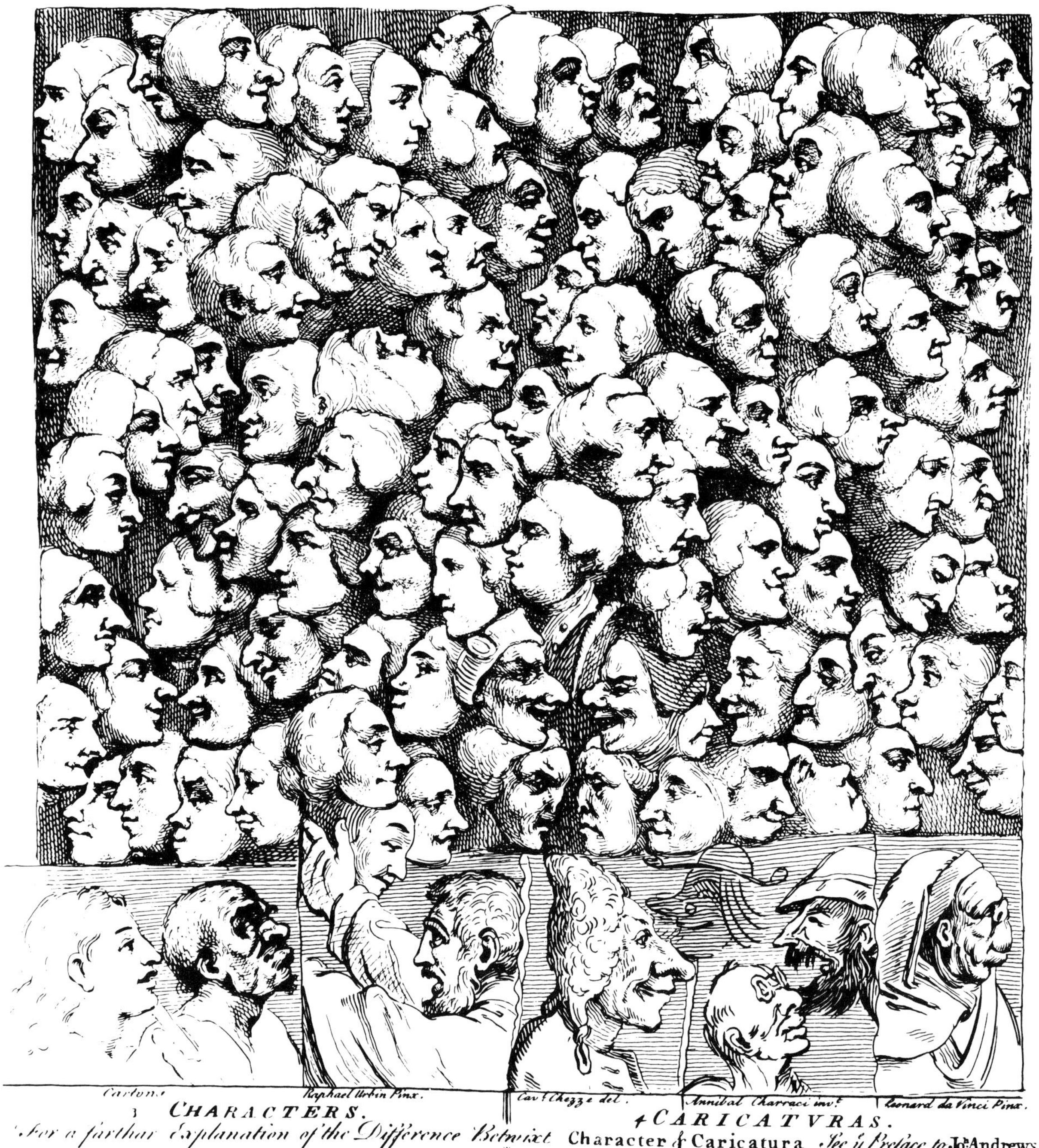

William Hogarth (1697- 1764), Charaktere und Karikaturen, 1743: Ein berühmtes Werk der Karikaturgeschichte, in dem Porträtskizzen im Stile der Carracci mit solchen von Raffael, Leonardo u.a. verglichen werden. Aus: Edward Lucie-Smith, Die Kunst der Karikatur, Weingarten 1981

Humorzeichnen - Begriff und Entstehung

Humorzeichnen läßt sich unter die Gattung der Karikatur einordnen. Die Karikatur hat eine relativ kurze Geschichte. Sie umfaßt neben humorvollen auch ernste Zeichnungen, die mit politischen und sozial anklagenden Darstellungen sehr eindringlich wirken. Zum Anfang und Erlernen sollte man sich der positiven Seite der Karikatur zuwenden, der Humorzeichnung. Sie motiviert Anfänger und Fortgeschrittene durch den klaren und einfachen Strich, der ein Bild in wenigen Minuten entstehen läßt. Mißerfolge sind schnell überwunden, ein neues Blatt lädt zu neuen Taten ein. Als Variante der Humorzeichnungen kennen wir das Witzezeichnen, die Cartoons und die Comics. Der Cartoon, aus dem angelsächsischen Sprachgebiet kommend, wird auch oft als Witzzeichnung ohne Worte verstanden.

Unter Comics versteht man noch manches andere: Waren die Comics zunächst nur humorvolle Bildgeschichten, so gesellten sich bald Abenteuergeschichten (Tarzan, Akim, Eisenherz), Kriminalgeschichten (Rip Korby), erotische und Science-fiction-Themen (Fanny, Barbarella, Jodelle und Flash Gordon, Valerian) dazu. Die Humorzeichnungen leben in den lustigen Geschichten der Walt Disney-Figuren (Mickymaus, Donald Duck), Peanuts, Asterix und Garfield, um nur einige zu nennen, bis in unsere Tage fort.

Doch zurück zur Mutter des Humorzeichnens, zur Karikatur: Wie entstand sie?

Als es Ende des 16. Jahrhunderts in Zeichnung und Malerei darum ging, Landschaften und Gegenstände möglichst naturgetreu darzustellen, entwarf die Bologneser Künstlerfamilie Carracci zeichnerisch ein Zerrbild der Realität, die Karikatur (von caricare, ital. = überladen, überzeichnen). Und so findet sich in der Kunstgeschichte neben allen Formen der hohen und seriösen Kunst, wie sie sich heute etwa im Fotorealismus oder in der Avantgarde ausdrükken, seither in der Karikatur auch eine satirische oder humoristische Richtung. Bis zum 18. Jahrhundert blieb die Karikatur vorwiegend in privaten Kreisen ein Mittel zur Belustigung geschlossener Gesellschaften, von den Flugschriften der Reformation und der Bauernkriege vielleicht einmal abgesehen.. Über England und Frankreich gelangte die Karikatur in der bürgerlichen Revolution als vervielfägtigte Druckgraphik an die Öffentlichkeit, wo sie bildlich die sozialen Mißstände enthüllte, die den Verantwortlichen lieber unausgesprochen geblieben wären. Bis heute hat die Karikatur als politische Waffe nichts von ihrer Schlagkraft eingebüßt.

Mit der Karikatur hat die Kunst eine Grenzerweiterung erfahren, die dem Zeichner außerordentliche Möglichkeiten für seine Ideen eröffnet. Die Humorzeichnung setzt ebenso wie die Karikatur auf unmittelbares Erkennen des Gemeinten. Jede Verzögerung mindert den Effekt. So nimmt die Bildidee einen breiten Raum in der Entwicklung von Humorzeichnungen ein.

Bevor die Ideenfindung angesprochen wird, einiges zur Zeichenlehre, die speziell für die Humorzeichnung aufbereitet wurde.

Gluyas Williams: Kaltes Buffet, aus dem „New Yorker" 1940, Feder, Tusche und Verwaschtechnik. Aus: Edward Lucie-Smith, Die Kunst der Karikatur, Weingarten 1981

Olaf Gulbransson: Sozialer Ausgleich, 1932, aus dem „Simplicissimus", der satirischen deutschen Wochenzeitschrift (1836–1944). Aus: Simplicissimus, Herbert Reinoß (Hrsg.), Fackelträger-Verlag Schmidt-Küster, Hannover 1970

Die lockere Hand

Von der Schüler- über die schwungvolle „Doktor-Schrift" zu einer Phantasie-Figur

Manchmal wundert man sich über die unleserlichen, aber schön geschwungenen Linien von Unterschriften insbesondere viel schreibender Persönlichkeiten, wie Politiker oder Filmstars, nicht zu vergessen Ärzte und Apotheker. Welche Distanz klafft zwischen den ungelenken Schreibbemühungen eines Grundschülers und diesen flotten, ausdrucksstarken Schwüngen derjenigen Menschen, die tagtäglich viel mit der Hand schreiben müssen.

Unsere eigene Unterschrift ist der am häufigsten geübte Schriftzug, der als Zustimmung unter so viele Rechnungen, Briefe und Bestellungen gesetzt wurde. Genau das ist der Strich und die freie, ungezwungene, individuell gelenkte Linienführung, die man zum Humorzeichnen braucht.

Am Anfang geht man sicherlich etwas verkrampft zu Werke, als würde man so schwierige Wörter wie Chlorophyll oder Demokratie schreiben. Die Hand, die sich an das Alphabet gewöhnt hat, muß sich beim Humorzeichnen an das Ausschwingen von Kreisen, Ellipsen, Bögen und anderen Kurven gewöhnen. Das läßt sich natürlich auch am Objekt, an den Humorzeichnungen selbst trainieren, aber für die Lockerung der Hand sind spezielle Übungen effektiver.

Man nehme deshalb ein größeres Stück Papier und lasse die Hand locker und unverkrampft mit einem Stift über das Blatt gleiten. Das Handgelenk bleibt ebenfalls locker und soll nicht starr die Bewegung des Unterarms übertragen.

Den Phantasien sind bei diesen Lockerungsübungen keine Grenzen gesetzt. Aus Kreisen werden beispielsweise Ellipsen und Spiralen. Bögen überziehen das ganze Blatt von links nach rechts und umgekehrt. Wellen bauen sich von kleinen zu großen auf, waagerecht, senkrecht, diagonal, in Kurven und Kreisen.

Ganz locker fließen Fingerübungen während eines längeren Telefongesprächs aus der Feder. Die Schulhefte manch eines bewundernswerten Zeichners sind vollgespickt mit derartigen Strichzeichnungen. Diese Übungen lassen sich auch leicht vor dem Fernseher, auf längeren Fahrten oder in Pausen nachholen.

Die Finger halten den Zeichenstift am besten in Schreibhaltung, wobei man sich mit der oberen Handkante auf dem Zeichengrund abstützt.

Übungen zum Lockern der Hand

Der Kopf

Schülerzeichnung: Punkt, Punkt, Komma, Strich – fertig ist das Mondgesicht

Nach den Lockerungsübungen, die am besten jeder Zeichnung vorangehen, kann man sich dem Gesicht zuwenden. Zunächst den individuellen Merkmalen, wie Augen, Nase usw., um schließlich Profile und Halbprofile zu studieren. Der Kopf, sicherlich der beste Einstieg in das Humorzeichnen, ist auch ausgiebig zu üben. Der Humor der Zeichnung lebt nämlich zum großen Teil von Gesichtern, Grimassen und Mimik. Als krönender Abschluß des Humorporträts soll eine Prominenten-Karikatur entstehen.

Punkt, Punkt . . .

Ganz dunkel erinnere ich mich noch an meine ersten Versuche im Gesichtermalen. Dabei half der Spruch: „Punkt, Punkt, Komma, Strich – fertig ist das Mondgesicht". Er soll auch in das Humorzeichnen einführen:

Ich beginne mit dem Mondgesicht. Ein Kreis, frei aus der Hand geschwungen, soll einen Kopf darstellen. Die Punkte und das Komma markieren Augen und Nase. Der Strich symbolisiert den Mund. Es fehlen zwar noch die Ohren und die Haartracht, doch lacht uns schon ein Gesicht an – oder lacht es etwa nicht?

Einfache Mimik

Ob ein Gesicht breit lacht, vornehm lächelt, sich gleichgültig zeigt oder gar traurig, böse, ungehalten ausschaut, wird sehr maßgeblich durch den Mund beeinflußt.

Wir kommen noch einmal auf die Mimik zurück, wobei darauf hinzuweisen ist, daß der Mund das stärkste Instrument zur Veranschaulichung von Empfindungen ist.

Der Mund beeinflußt die Mimik besonders stark

Ordnung im Gesicht: das Antlitz

Augen, Nase, Mund und Ohren im Gesicht zu verteilen, ist gar nicht so einfach, wie es zunächst scheint. Die Zeichenschulen weisen schon seit Hunderten von Jahren auf eine Reihe von Hilfslinien hin, um die Gesichtsmerkmale leichter ordnen zu können. Da ist zunächst einmal die Mittellinie ein bedeutendes Hilfsmittel. Auch die technischen Zeichner mögen nicht auf ihre Zentralachse verzichten. Nicht jedes Gesicht ist zwar exakt symmetrisch, aber in etwa schon.

Die Nase sitzt meistens genau in der Mitte. Wenn einmal nicht, so wurde sie als verfremdendes Stilmittel bewußt so plaziert. Die Augen stehen im gleichen Abstand von der Mittellinie. Nur die Pupillen rollen zur Seite, wenn der Blick von der Geradeausrichtung abweicht. Der Mund liegt unterhalb der Nase, die Ohren schließlich seitlich in der Höhe der Nase.

Damit wäre die normale Lage von Augen, Ohren, Mund und Nase bei gerader Haltung des Kopfes geklärt. Wie aber steht es mit den Höhen- und Größenverhältnissen zueinander? Vielleicht so wie in der nebenstehenden Abbildung?

Nun die humorvolle Karikatur kennt da kaum Festlegungen; für die „klassischen Proportionen" des Gesichts gilt eine Teilung in drei gleichhohe Abschnitte:

Der obere Bereich, die Stirn, reicht von Haaransatz bis zu den Augenbrauen.

Die Augen- und Nasenpartie endet nach unten mit der Nasenspitze.

Die Kinn- und Mundpartie hat die gleiche Größe wie der Stirnbereich über den Augenbrauen.

Die Ohren haben die Länge des gesamten Mittelfeldes. Die waagerechten Hilfslinien sorgen dafür, daß die Nase und die Ohren auf gleicher Höhe liegen. Wie sehr die Humorzeichnung in ihren überzeichneten Sonderformen auch das Gesicht entsprechend verzerrt und ausgebeult darstellt, die drei Hilfslinien bleiben unverkennbare Stütze des Humorzeichnens. Die senkrechte und die beiden waagerechten Hilfslinien werden auch später, beim Profil, vor allem aber bei der Kopfneigung gute Dienste leisten. Selbst erfahrene Zeichner greifen auf diese Hilfen gern zurück.

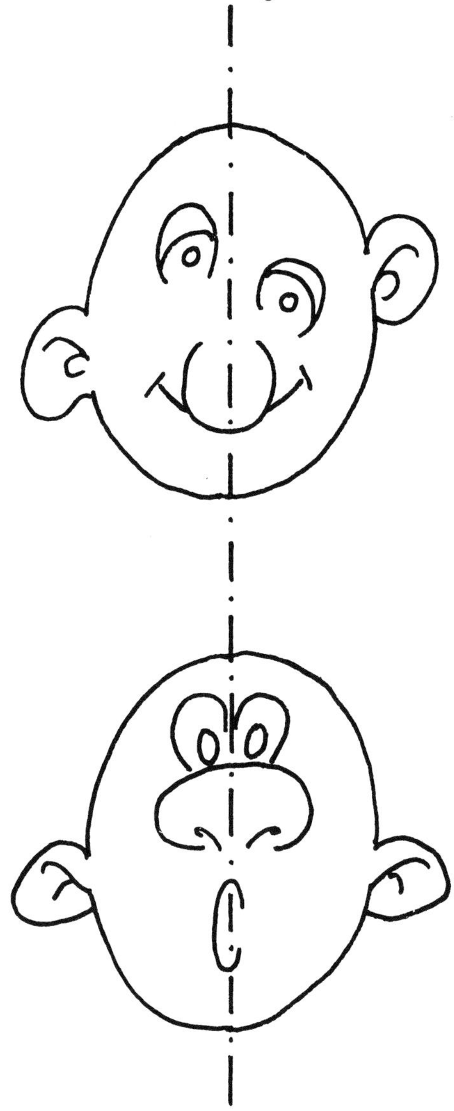

Auf welche Höhe setzt man Augen, Ohren, Nase und Mund?

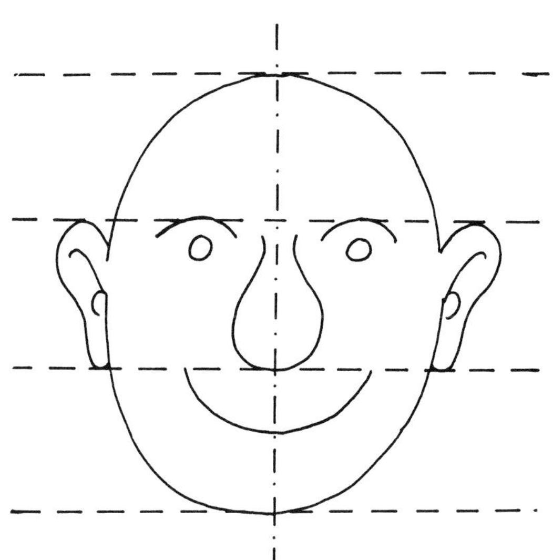

Hilfslinien im Gesicht

Der Kopf von der Seite: das Profil

Manche Charakterköpfe kommen erst im Profil zur Geltung, man denke an ein vorstehendes Kinn und eine Hakennase.

Für das Profil bedient man sich wieder der drei Hilfslinien, die schon beim Zeichnen des Antlitzes halfen.

Auch beim Profil ist zunächst die Mittellinie zu zeichnen. Es versteht sich von selbst, daß auch hier die Waagerechten auf Höhe der Augenbrauen und der Nasenspitze anzubringen sind.

Das Ohr paßt wieder zwischen die waagerechten Hilfslinien. Es liegt direkt hinter der Senkrechten. Wird der gleiche Kopf einmal im Linksprofil, d.h. mit Blickrichtung nach links, dargestellt, dann in Frontalschau oder im Rechtsprofil, so ist auf die Gleichheit der charakteristischen „Persönlichkeitsmerkmale" zu achten.

Die Gesichtsmerkmale, auch wenn sie stark detailliert ausgearbeitet wurden, müssen einander weitgehend gleichen. Beim Üben empfiehlt es sich, erst gar keine „Schokoladenseite" aufkommenzulassen. Beide Profile, mit der Nase nach links und nach rechts, sind gleich wichtig: Denken Sie an das Gespräch zweier Personen, die einander anschauen.

Das Halbprofil

Für mich ist die Kopfwendung um etwa 45 Grad zur Seite – das Halbprofil – die interessanteste Kopfhaltung. Bevor man über die Straße geht, neigt man den Kopf etwa im halben rechten Winkel zur Seite. Die Pupille rollt dabei ganz nach links, um den vorbeifließenden Verkehr im Auge zu haben.

Figuren im Halbprofil wirken besonders lebendig. Die Konstruktion eines Gesichts im Halbprofil kann uns eine von der Schale befreite Apfelsine oder ein farbig segmentierter Wasserball erleichtern. Die beiden nun schon bekannten Horizontallinien sind wieder mit von der Partie.

Diese Hilfskugel enthält zu den bekannten Linien zwei weitere, zwei Halbbögen, die sich zu einer senkrechten, vom Gesichtskreis eingefaßten Ellipse vereinen.

Diese Ellipsenbögen entsprechen der Gesichtsmitte, wenn sich der Kopf entsprechend nach links oder rechts dreht. Die Bögen verlaufen durch die Mitte des Augenabstandes; auf ihnen liegen Nasenwurzel, Mundmitte und Kinnspitze. Auch die Filmregie versucht die Schauspieler nicht direkt frontal vor die Kamera zu bringen, sondern im Profil abzulichten.

Profil und Hilfslinien

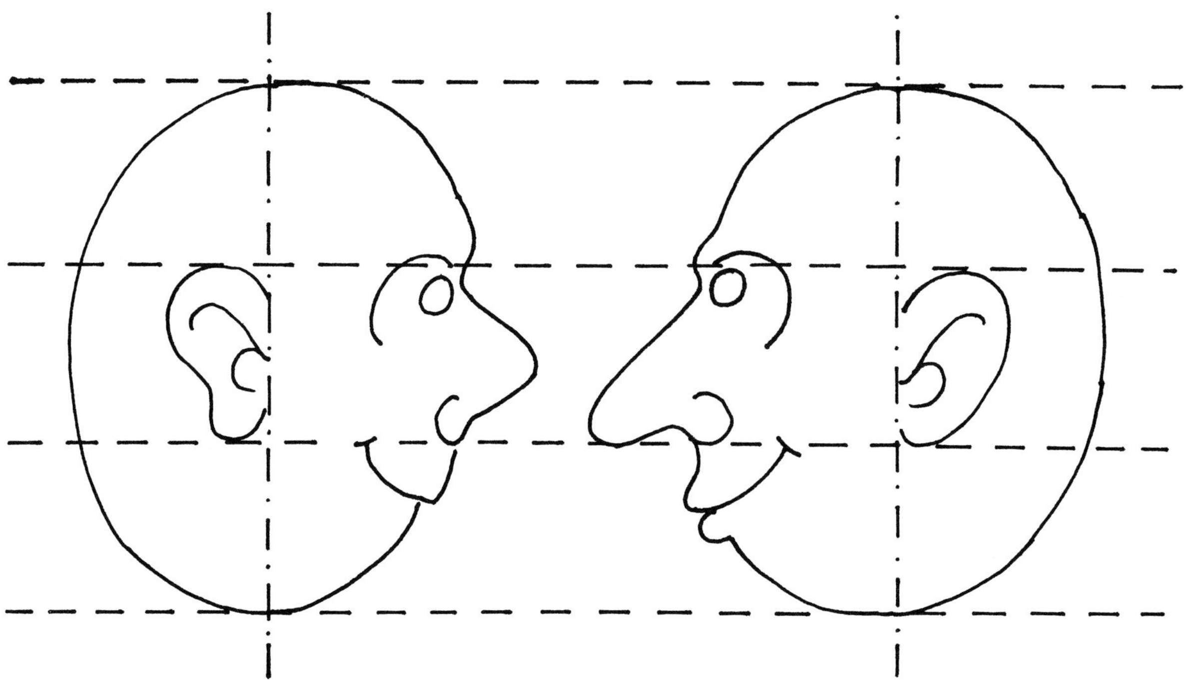

Das Halbprofil

Das Halbprofil im Vergleich mit Wasserball und Apfelsine

Halbprofil und Hilfslinien

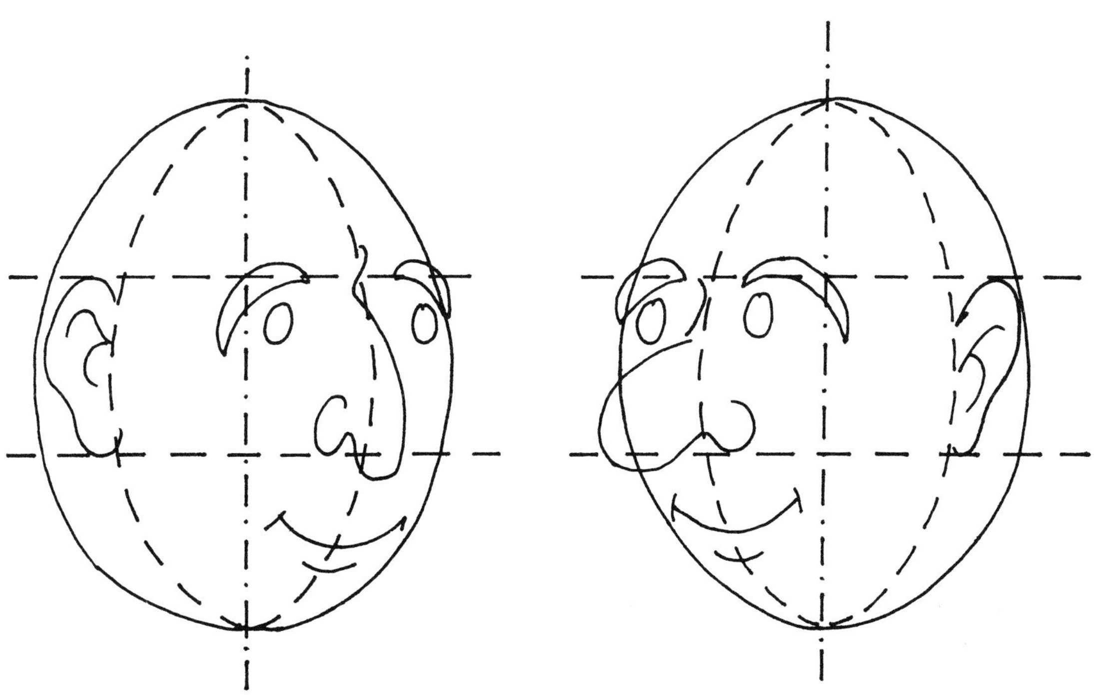

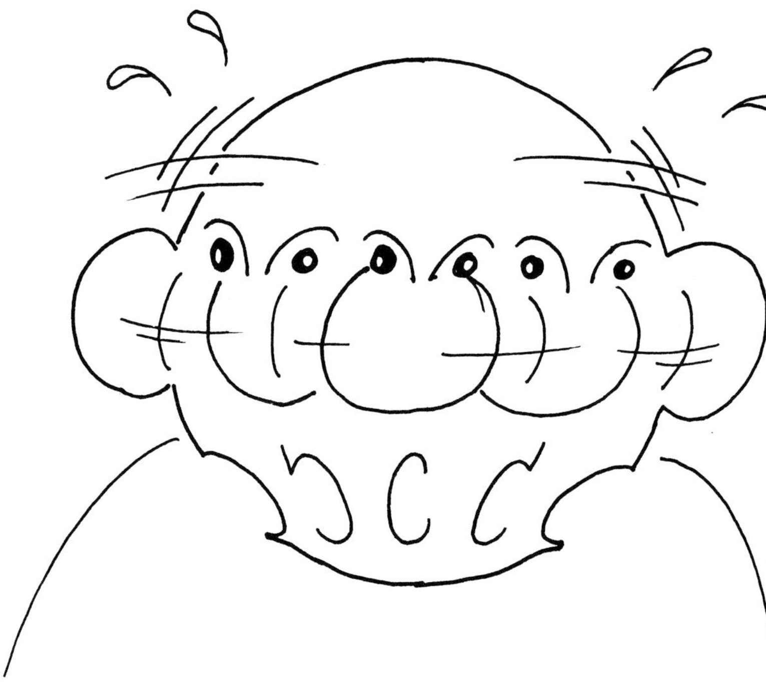

Der verstört nach allen Seiten Blickende

Zwischen dem Profil, wie es die Scherenschnittkünstler als Silhouette bevorzugen und der Frontalansicht des Kopfes sind eine ganze Reihe interessanter Halbprofile möglich. Nutzen Sie dabei die zitierten Hilfslinien. Der verstört nach allen Seiten blickende Mensch ist ein brauchbares Anwendungsbeispiel für den Übergang vom Profil in das Halbprofil.

Gehobener und gesenkter Kopf

Nicht nur wenn Menschen unterschiedlicher Körpergröße miteinander sprechen, neigen oder heben sie ihren Kopf, auch überschwengliche Freude und tiefe Trauer drückt sich in der Haltung des Kopfes aus.

Der nach oben blickende Kopf drückt Offenheit, das „Die-Welt-umarmen-Wollen" aus, das gesenkte Haupt Traurigkeit oder Verzweiflung.

Die Kopfbewegung ist ebenfalls frontal im Profil und Halbprofil darstellbar. Dabei kann auch der geübte Zeichner nicht mehr auf Hilfslinien verzichten.

Recht einfach ist noch die Darstellung des Profils zu bewerkstelligen. Die horizontalen Hilfslinien erhalten die der Kopfhaltung entsprechende Neigung.

Schwieriger sieht es schon beim Frontalblick aus. Die horizontalen Hilfslinien in Höhe der Augenbrauen und am unteren Nasenrand verformen sich bei der Kopfbewegung nämlich zu Bögen. Hier kommt der räumliche Aspekt mit ins Spiel.

Stellen Sie sich zwei Ringe parallel zueinander vor, waagerecht auf einem Ball befestigt, der eine Ring von oben, der andere von unten. Halten Sie den Ball so, daß die Ringe exakt horizontal liegen, erscheinen sie als gerade Strecke. Neigen Sie den Ball etwas nach unten, erscheinen die Ringe als „durchhängende" Bögen. Wird der Ball nach oben gedreht, wölben sich die Bänder nach oben zu Ellipsenbögen Übertragen auf den Kopf erkennt man, daß die Stirnpartie beim Heben des Kopfes kleiner wird, beim Senken entsprechend größer.

Plaziert man Nase und Ohren zwischen die Hilfsringe, so erkennt man und halte gedanklich fest: **Bei gehobenem Kopf liegt die Nase höher, bei gesenktem Kopf niedriger als die Ohren.**

Hier haben sich die Hilfsgeraden der Frontalansicht sowohl in der Waagerechten als auch in der Senkrechten in gewölbte oder durchhängende Bögen verändert. Die Vorstellung von einem mit Ringen oder Streifen beklebten Badeball erleichtert beim gehobenen und geneigten Halbprofil die Orientierung.

Man kann fast von einem Hilfsglobus sprechen, den man mit den Gesichtsmerkmalen wunschgemäß „bestückt".

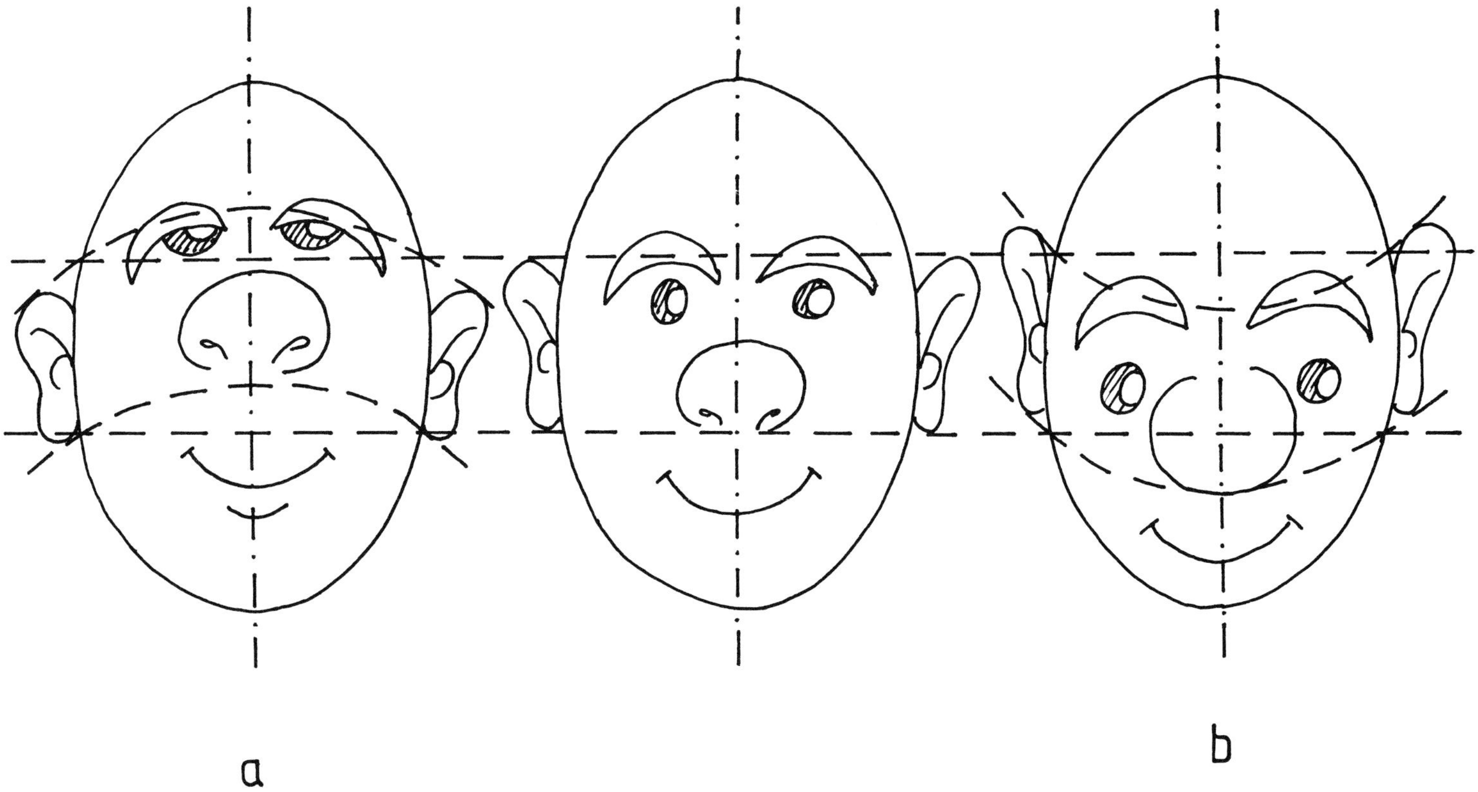

Das erhobene, geradeaus blickende und gesenkte Haupt und Hilfslinien

Erhobenes und gesenktes Haupt im Halbprofil

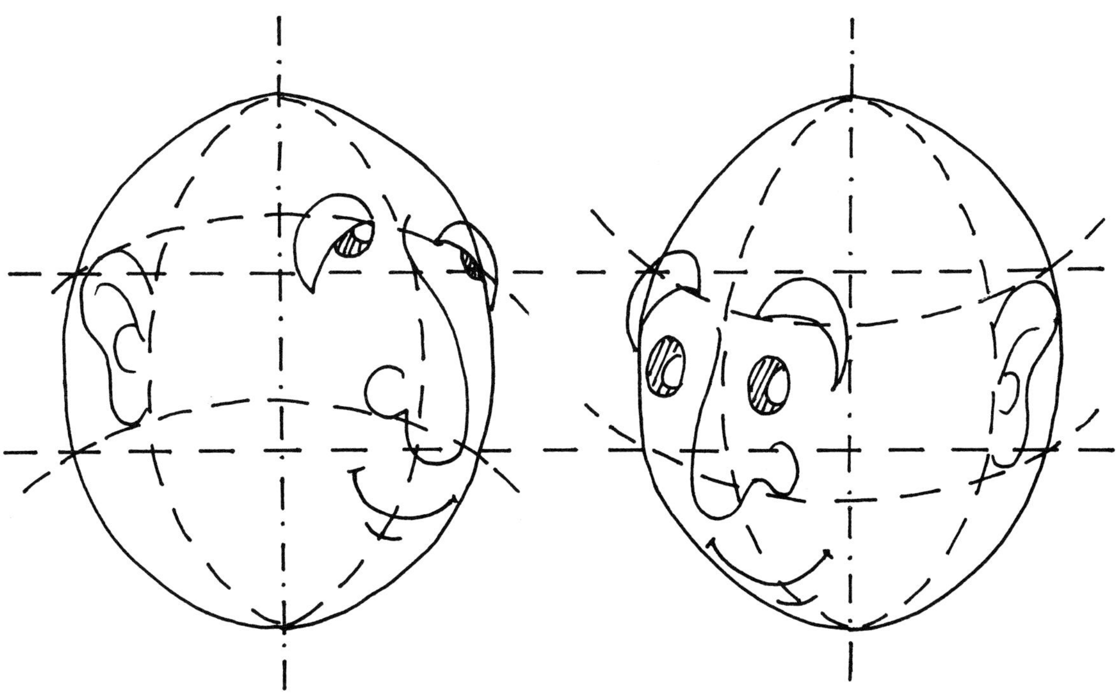

Entfacht nicht eine so herzhaft lachende Humorfigur, zumindest ein entspannendes Schmunzeln in uns?

Der Kopf der Frau

Der Kopf der Frau, des Kindes und des Greises

Bisher habe ich mich bei der Kopfeinteilung in drei gleichgroße waagerechte Bereiche (Stirn-, Nasen, Mundpartie) an der Kopfstruktur des erwachsenen Mannes orientiert. Ohne auf weitere Details eingehen zu müssen, kann man in einer Humorzeichnung bereits durch Änderung der Gesichtspartien die wesentlichen Unterschiede zwischen Mann, Frau, Kind und Greis (männlich wie weiblich) herausstellen.

Bei der Frau wird die Nasenpartie etwas kleiner dargestellt. Augen und Mund liegen dichter beieinander. Stirn und Mund sind entsprechend vergrößert.

Das Kindergesicht zeichnet sich durch eine hohe Stirn aus. Die obere Hilfslinie liegt in der Mitte des Kopfes die Augenbrauen ruhen quasi auf dem „Kopfäquator". Die zweite Waagerechte teilt die untere Gesichtshälfte des Kindes in zwei gleichhohe Bereiche. Wie auch schon beim Gesicht der Frau angedeutet, hat die Nase kleinere Dimensionen, im Profil meist als Stupsnase deutlich erkennbar.

Bei Babys kann die Stirn- und Schädelpartie im Verhältnis zur Mundpartie noch stärker betont werden. Wenn Sie an die Bilder von Embryos (Kinder im Mutterleib) denken, bei denen die Gesichtsmerkmale nur einen kleinen Bereich des Kopfes ausmachen, verstehen Sie auch die Entwicklung des menschlichen Kopfes, den die Humorzeichnung entsprechend charakteristisch überzeichnet.

Greis und Greisin sind schließlich durch eine ausgeprägte Kinnpartie gekennzeichnet. Mund und Kinn nehmen die ganze untere Gesichtshälfte ein. Die Augenbrauen haben sich in die Mitte der oberen Gesichtshälfte entwickelt. Geneigtes Haupt, schmales Gesicht, Wangenknochen, schütteres Haar, Falten im Augen- und Mundbereich charakterisieren ebenfalls den Kopf älterer Menschen.

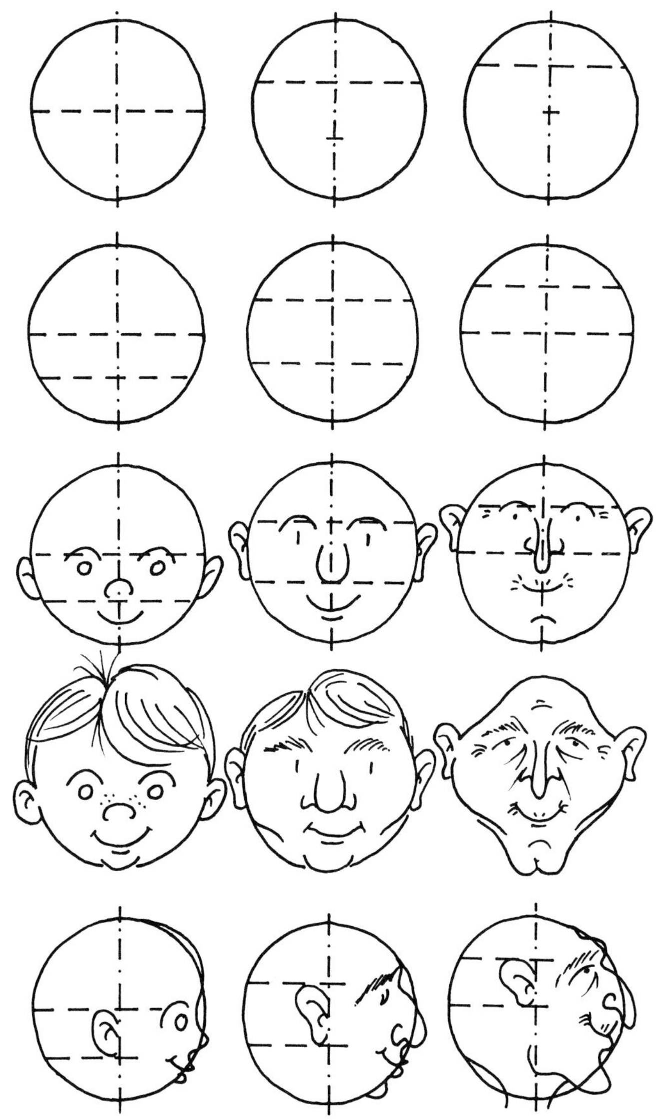

Das männliche Antlitz in verschiedenen Altersstufen: vom Kind zum Greis

Kopfformen: Grund- und Mischtypen

Kopfformen

Die Verfremdung einer bestimmten Kopfform ist für das Humorzeichnen ein wichtiges Stilmittel. Wenn man glaubt, daß eine große, melonenförmige Kopfform z.B. Intelligenz ausdrücke, ist man häufig auf dem Holzweg. Doch oft begegnet man solchen klischeehaften Betrachtungsweisen beim Humorzeichnen: Danach hat der Professor eben einen hochgeschossenen „Eierkopf", und dem Ganoven wachsen die Haare in geringem Abstand über den Augen. Aber zunächst zu Grundtypen, nach denen z.B. auch die Frauenzeitschriften ihre Schminktips ausrichten.

Am Anfang steht das kreisförmige Gesicht bzw. der Kugelkopf. Diese Kopfform stellt zugleich die Grundform dar, aus der alle anderen, auch Sonderformen entwickelbar sind. Behält ein Kopf auch in der weiteren Ausführung einer Zeichnung eine runde Form, wie sie auch der bekannte Humorzeichner Mordillo bevorzugt, drückt er Gemüts- und Realitätssinn aus.

Der **ovale Kopf** entspricht in senkrechter Lage am ehesten der ebenmäßigen Normalform. Im Querformat paßt das ovale Haupt besonders auf extrem korpulente Figuren.

Interessant wirken die **Dreiecksformen** mit der Spitze nach oben oder unten. Im Rückgriff auf die Gestalt der Verkehrszeichen lassen sie sich auch als Warn- oder Haltzeichengesichter auseinanderhalten. Dem Höhlenbegeisterten wird der Begriff Stalagmiten- oder Stalaktiten-Gesicht (nach den stehenden oder hängenden Tropfsteinzapfen) einleuchtender sein. Sie lassen sich universell einsetzen.

Die **quadratische Gesichtsform** deutet eine ausgeprägte Kinnpartie an. Die kantige Form bietet sich für die Darstellung markiger Typen an: Naturburschen, Boxer, Militärs usw. Sie wird jedoch auch für Damenkonterfeis gerne eingesetzt. Die quadratische Form läßt sich auch leicht in die rechteckige Form sowohl waagerecht als auch senkrecht verzerren.

Betonte Wangenknochen, wie sie beim Indianertyp besonders ausgeprägt sind, zeigt der **Rautenkopf**, eine Variante ist der **Birnenkopf**. Beim Zeichnen von mehreren Personen greife man auch in die Fülle der verschiedenen dargestellten Kopfformen.

Mischen Sie doch einmal diese Grundformen ein bißchen: Das Runde mit dem Ovalen oder das Quadratische mit dem Dreieck usw.

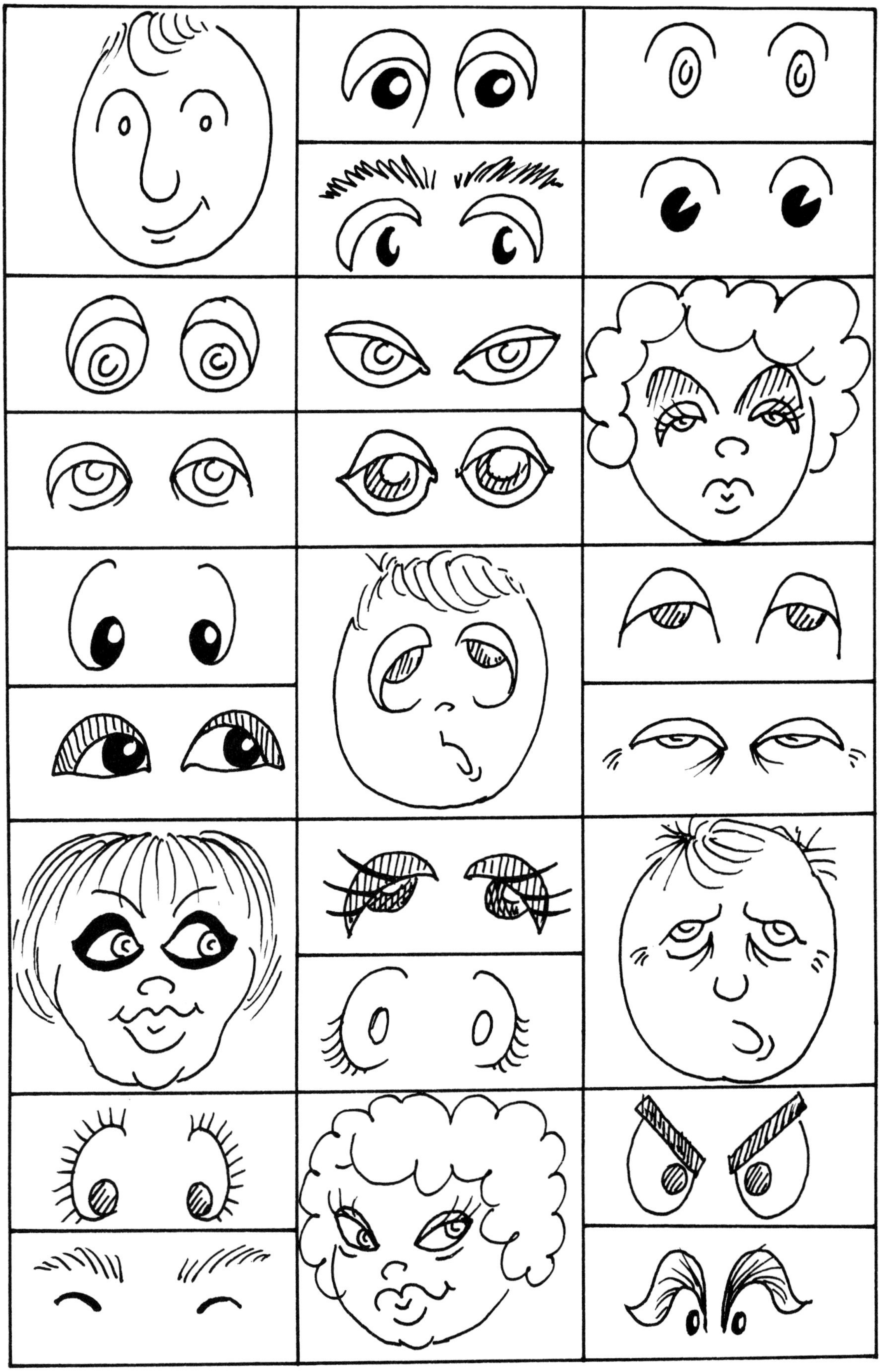

Die Augen, unsere Fenster zur Welt

Augen, Nase, Mund und Ohren

Die Hauptmerkmale eines Gesichts, Augen, Nase, Mund und Ohren, sowie die Gesichtsform mit der Haartracht prägen entscheidend das Aussehen eines Menschen. Im Humorzeichnen werden einfache Darstellungen bevorzugt. Sie werden mitunter stark von der Realität abweichend überzeichnet.

Am auffälligsten an einem Gesicht sind die **Augen**. Für Darstellungen von Frauen können sie nicht groß genug sein. Dabei reicht schon ein Punkt, wie zu sehen war, um die Lage der Augen anzudeuten. Ein Punkt sagt natürlich noch nichts aus, er vermittelt keinen Gesichtsausdruck. Anders der Kreis oder das Oval mit einem Punkt oder einem größeren schwarzen Fleck, der die Pupille darstellt. Das Oval der Augenumrandung muß nicht ganz durchgezeichnet sein, mitunter reicht die Begrenzung oben und an der Außenseite.

Ein doppelter, linsenartiger Bogen über der Pupille symbolisiert das Augenlid. Beim schläfrigen Typ ist es weit heruntergezogen, der Staunende und Aufmerksame hat die Augen so weit aufgerissen, daß das Augenlid kaum sichtbar ist. Augenlider, gar noch mit Wimpern, kommen besonders bei geschlossenen Augen gut zur Geltung.

Auch bei der Darstellung von Wimpern bewahrheitet sich das Sprichwort: „Weniger ist oft mehr". In der Tat: einige wenige, kräftig geschwungene Wimpernstriche vermitteln einen deutlicheren Eindruck als ein vielborstiges Wimperngestrüpp.

Augenlider der Frauen erhalten lange Wimpern. Das Augenlid kann durch Schraffuren noch herausgestellt werden. Die Lidschatten-Palette der Kosmetikindustrie wird auf diese Weise nachempfunden. Prospekte und Werbematerial der Kosmetikbranche liefern im übrigen ausgezeichnetes Studienmaterial für die unterschiedlichsten Augenformen und deren Ausgestaltungen. Das gleiche gilt natürlich auch für den Mund, für Modeschmuck, Haartrachten und vieles mehr.

Das Auge kann mehr oder weniger der Natur entsprechend abgebildet werden. Große Pupillen werden sinnvollerweise mit einem Reflexionsbereich oder -fleck dargestellt. Der Reflexionsfleck kann rund, rechteckig oder auch dreieckig wiedergegeben werden. Dem einfallenden Licht entsprechend liegt er in beiden Pupillen an gleicher Stelle, d.h. rechts oben oder links oben.

Der Reflexionsfleck bestimmt dabei nicht die Blickrichtung. Das besorgt ganz allein die Lage der Pupillen im Rund der Augenbegrenzung bzw. das Verlagern der Pupille von der Mittellinie weg, auf der die Nase sitzt. Als schmerzhafte Variante der Augenformen lassen sich noch die „gekreuzten" Augen nennen, wie man sie bei Betrunkenen, Ohnmächtigen oder anderen, von Sinnen Geratenen einsetzen kann sowie die aufgerissenen Pupillen mit einem „Pupillenhof", durch die Angst und Schrecken im Gesicht stehen.

Scherzhafte Sonderformen der Augen: geschlossen (a), angstvoll oder überrascht (b) und ohnmächtig (c)

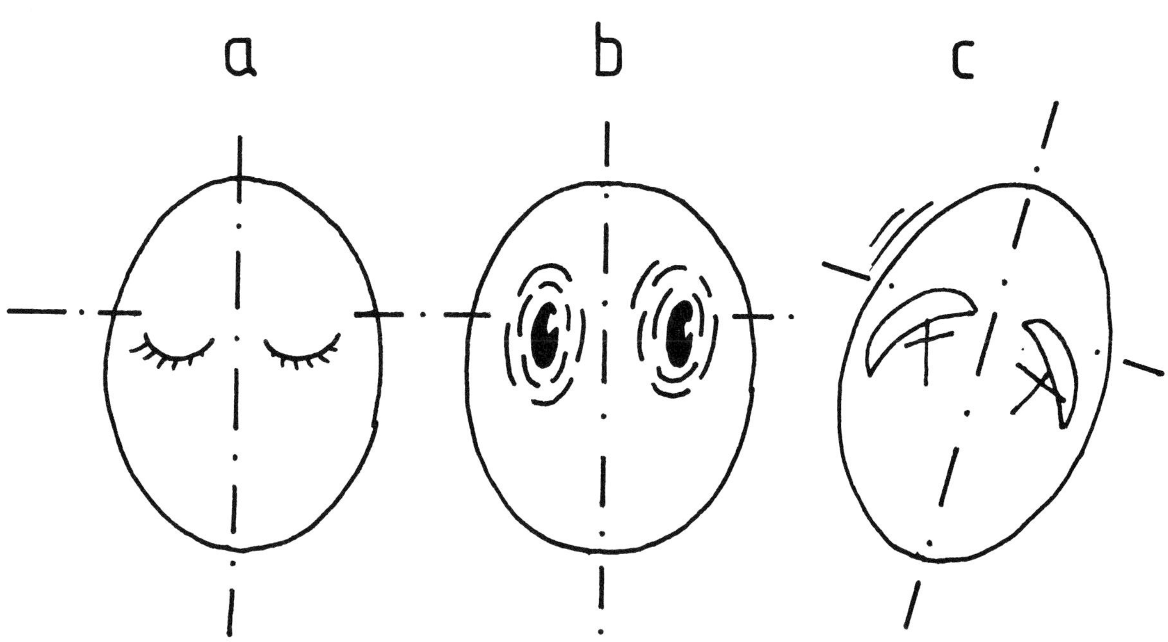

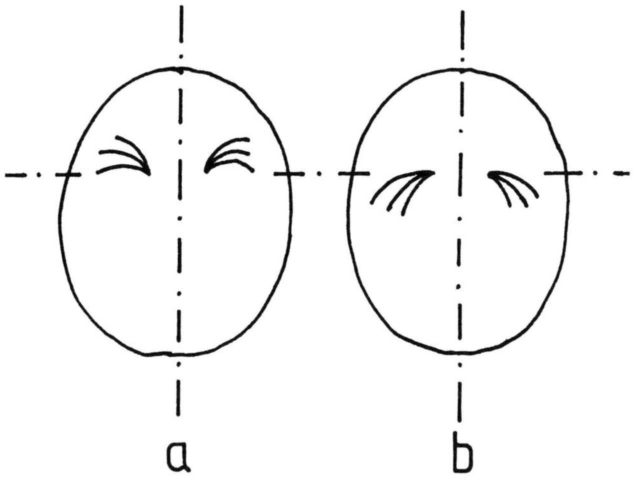

Augen als Faltenbündel geschlossen: freudig (a) und niedergeschlagen (b)

Schließlich sind noch die krampfhaft geschlossenen Augen von Bedeutung: Sowohl bei überaus herzhaftem Lachen als auch bei starker Verbitterung oder in einer Leidenssituation kneift man die Augen zusammen. In der Humorzeichnung treten diese geschlossenen Augen als Faltenbündel auf. Bei traurigen Anlässen sind die Falten, von der Mitte ausgehend, mehr nach unten gezogen.

Keine großen Schwierigkeiten macht das Auge im Profil und Halbprofil. Es hat eine ähnliche Form; die Pupille sitzt beim Geradeausschauen vorn statt in der Mitte.

Das Auge im Profil

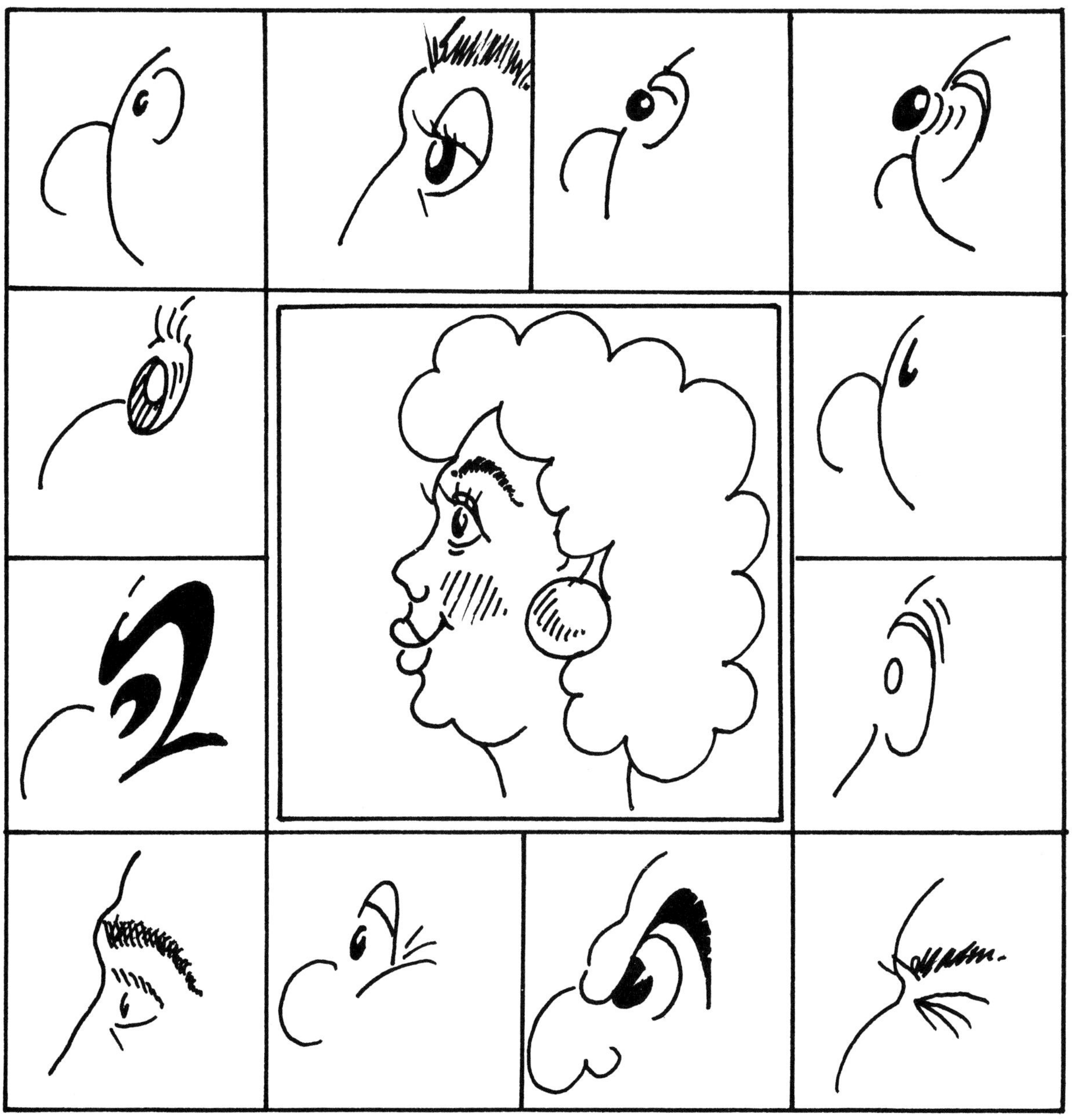

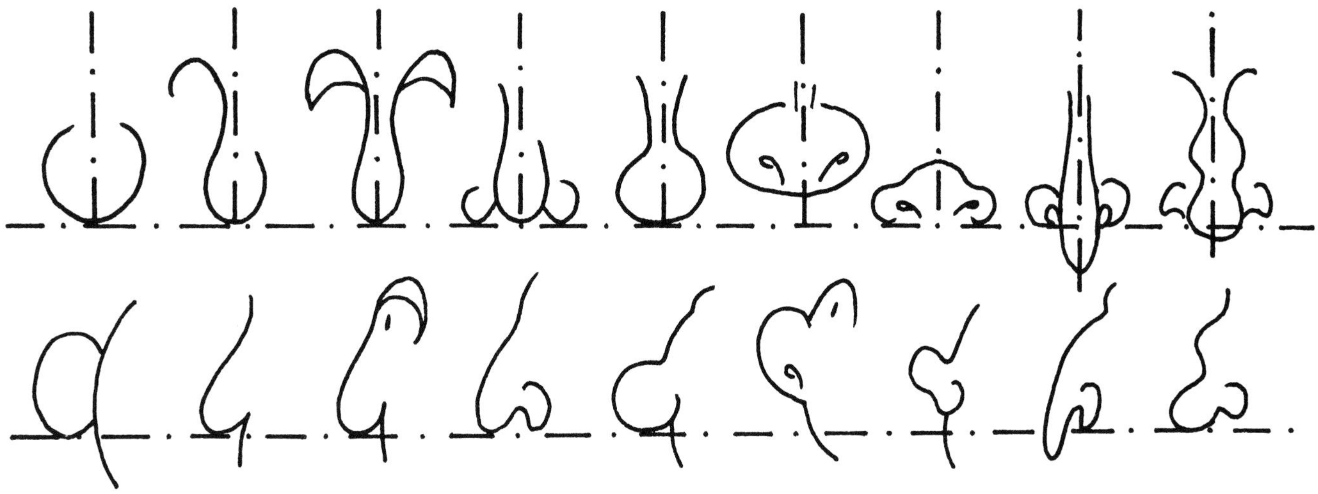

Die Nase: runde Formen von vorne und im Profil

Die Nase: ihr Platz im Gesicht

Mit dem Sprichwort: „einen guten Riecher haben" will ich die Aufmerksamkeit des Lesers auf die **Nase** lenken. Eine Nase muß zum jeweiligen Menschentyp passen und sein Wesen unterstreichen.

Ausgehend von mehr oder weniger großen waagerechten Bögen in der Frontalansicht, läßt sich die Nase weiterhin als nach oben offenes Halbrund, Dreiviertelrund oder als Totalkreis zeichnen. Vom Dreiviertelkreis ist die Verbindung zu den Augenbrauen in einem Schwung möglich.

Die Plazierung der Nase erfolgt genau im mittleren Drittel des Gesichts. Die senkrechte Mittellinie erleichtert die zentrale Anordnung der Nase, vor allem wenn sie noch mit Nasenflügeln und Nasenlöchern ausgeschmückt ist.

Neben den runden Formen lassen sich auch eine Reihe eckiger Nasen aufzählen: die lange Spitznase, die dreieckige und die viereckige Nase, meist nach oben hin geöffnet.

Die Nase: kantige Formen von vorne und im Profil

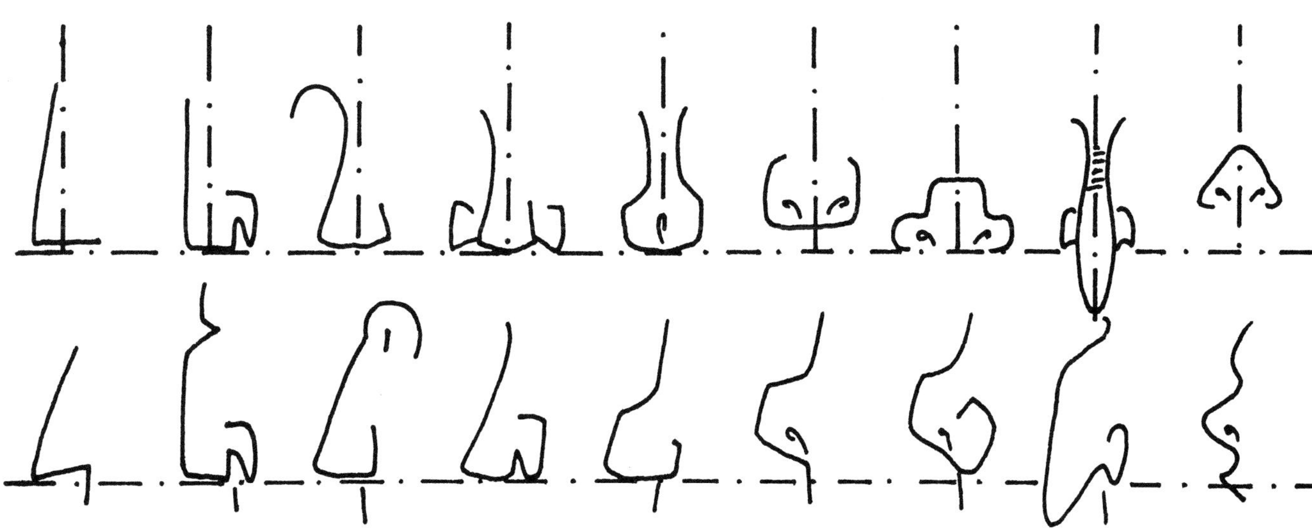

Die Nase der Frau: vom Nichts zum Hexenzinken

Die Spitznase kommt außer in ihrer schlanken Form besonders durch höher gesetzte Nasenflügel zur Geltung. Weiblichen Personen sind meist kleinere Nasen eigen. Der engere Abstand zwischen Augen und Mund läßt dann oft nur die Andeutung zweier Nasenlöcher zu, als Symbol für ein Stubsnäschen. Eine zart angedeutete „Bogenkappe" über den Nasenlöchern kann den Ausdruck des Riechorgans auch bei Frauen in noch erträglichem Maße verstärken.

Kräftige Ausbildungen der Nase, wie Spitz-, Knollen-, Haken- und Boxernase, haben ihren stärksten Ausdruck zumeist im Profil, wenngleich sie auch frontal als solche erkennbar sind.

Der lachende und der weinende **Mund** haben ganz entscheidenden Einfluß auf die Typisierung und den Gemütsausdruck des Gesichts.

Aus einem Strich werden je nach Gemütsverfassung verschiedene Bögen entwickelt. Bei geöffnetem Mund wird aus dem Bogen ein „liegender Mond". Die Spitzen des „lachenden Mondes", die Mundwinkel nämlich, können bis an die Wangen stoßen, so daß der Mundwinkel T-förmig ausbildbar ist. Des weiteren werden auf die Mundbögen die Oberlippe und die Unterlippe gelegt. Die Bögen müssen nicht durchgezogen sein. Unvollständig durchgezogene Linien vermitteln etwas Plastisches, etwas von dem Lichteinfall auf das Gesicht.

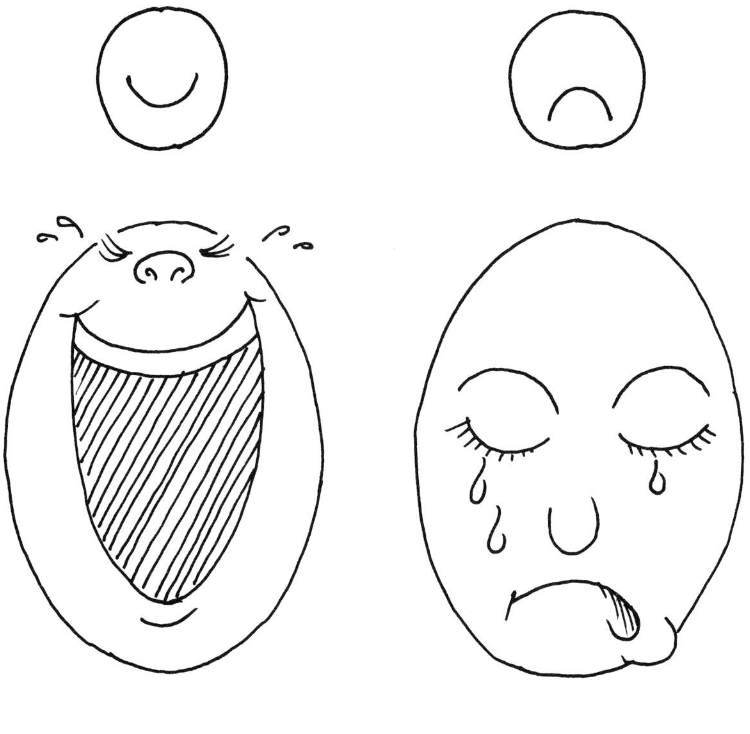

a b

Der lachende (a) und der weinende Mund (b)

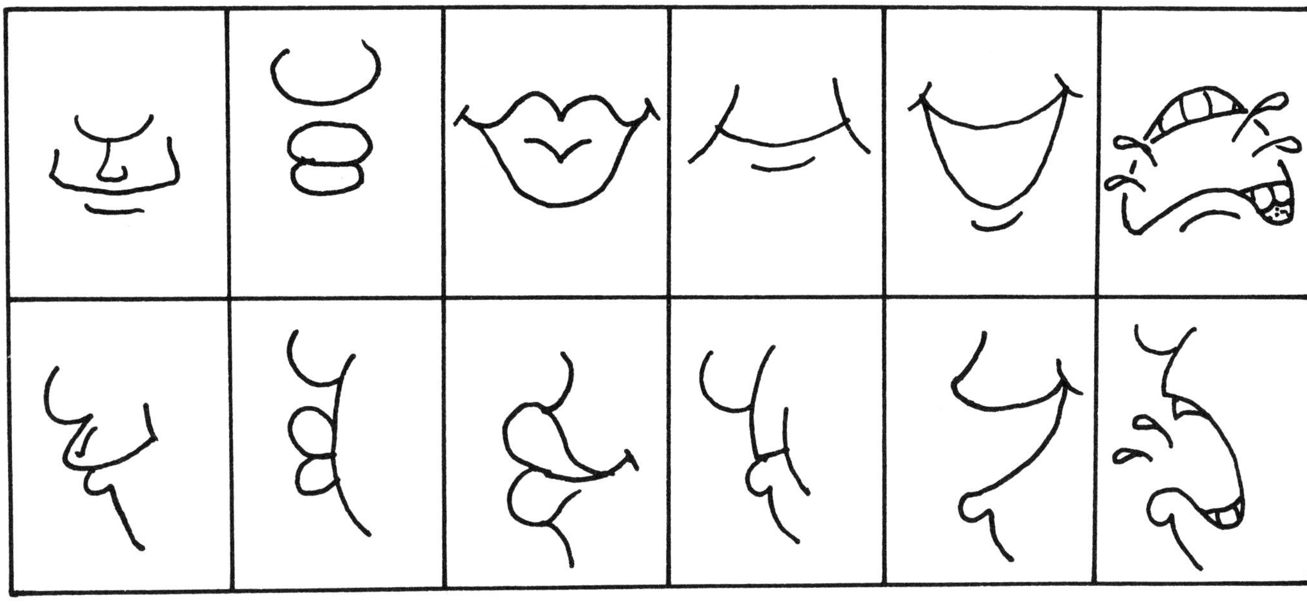

Der Mund von vorne und im Profil

Das Profil weist wesentlich deutlicher auf die vorstehende Ober- oder Unterlippe hin, d.h. ob es reinregnet oder nicht.

Auch die **Zähne** kann man darstellen, beim Lachen, beim Fluchen und beim „Versprühen von Gift und Galle". Wenn die Mundöffnung sehr groß wird, läßt sich darin auch noch die Zunge oder gar das Gaumenzäpfchen unterbringen.

Schließlich sei am Ende dieses langen und wichtigen Kapitels etwas zu den **Ohren** gesagt. Sie erleichtern dem Betrachter die Orientierung. Die Möglichkeit ihrer Ausgestaltung ist wesentlich begrenzter. Mitunter drohen sie einem üppigen Haarschopf ganz zum Opfer zu fallen. Es empfiehlt sich aber auch dann noch den unteren Zipfel der „Watschen" zur Schau zu stellen, und wenn nur zum Halten der Ohrringe.

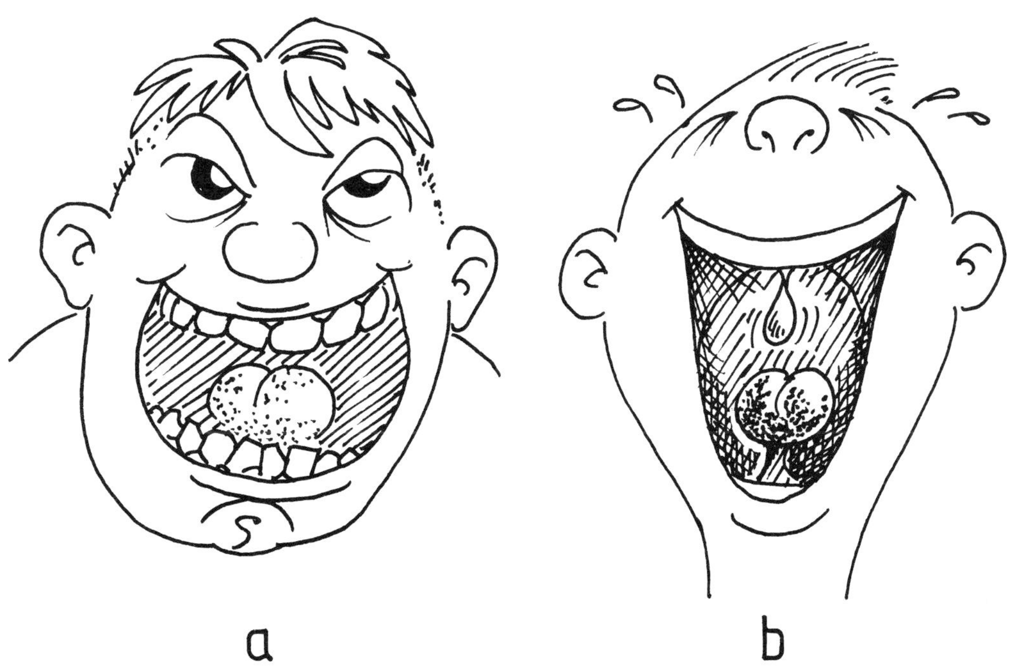

In den Mund geschaut: Zähne (a) und Gaumenzäpfchen (b)

Die Ohren, eine wichtige Peripherie: normal (a), abstehend (b), übergroß (c), verdeckt (d) und beringt (e)

Frisuren von Buben und Mädchen

Haar- und Barttracht

Kaum etwas im Gesicht ist derart der Mode unterworfen wie die Frisur. Kurzschnitt wechselt zu pomadigem Lockenkopf, dieser wird abgelöst durch pilzförmiges Langhaar, gefolgt von struppigem Naturhaar bis zu der kunstvoll gestylten Farbsträhnenfrisur der Punker und dem asymmetrischen Akkuratschopf der Popper. Die ganze Palette der verschiedenen Frisuren bietet sich zur Auswahl an. Modejournale und Prospekte, die im Frisiersalon ausliegen, bieten ausgezeichnete Vorlagen, um einen modischen Frisurentrend an den Humorfiguren auszuprobieren. Aber nicht immer ist das Extravagante passend. Normalerweise reichen die klassischen Frisuren aus: der Kurzhaarschnitt oder Mecki, das mehr oder weniger strähnige Langhaar sowie der Lockenkopf. Mädchen und junge Damen tragen das Haar

Die Haartracht des Mannes

auch heute noch etwas länger, wenngleich sich die zwar weniger femininen, aber praktischen Kurzhaarschnitte durchsetzen. Bei jüngeren Mädchen dominieren wenigstens in den humorvollen Zeichnungen die Zöpfe, weil sie so unvergleichlich typisch weiblich sind.

Das streng nach hinten gekämmte Haar bei einer Dame bietet zahlreiche Möglichkeiten, das Gesicht mit Farbe und reichlich Accessoires auszustaffieren. Feingliedrige Mannequins aus zahlreichen Katalogen und Frauenjournalen sind meist gut und ideenreich frisiert.

Der Mann hat zwar im Alter das Leid der Haarlosigkeit zu ertragen (oder durch ein Toupet zu kompensieren), bis dahin jedoch ist die Haarpracht sein ganzer Stolz: seitlich oder mittig gescheitelt, gewellt und gelockt, exakt geschnitten im Nacken sowie an den seitlichen Koteletten.

Wenn sich das Haar dann mit der Zeit lichtet bis zum Kojak- oder Yul Brunner-Typ, wird die Reife des Mannes durch die reduzierten Kopfhaare deutlich.

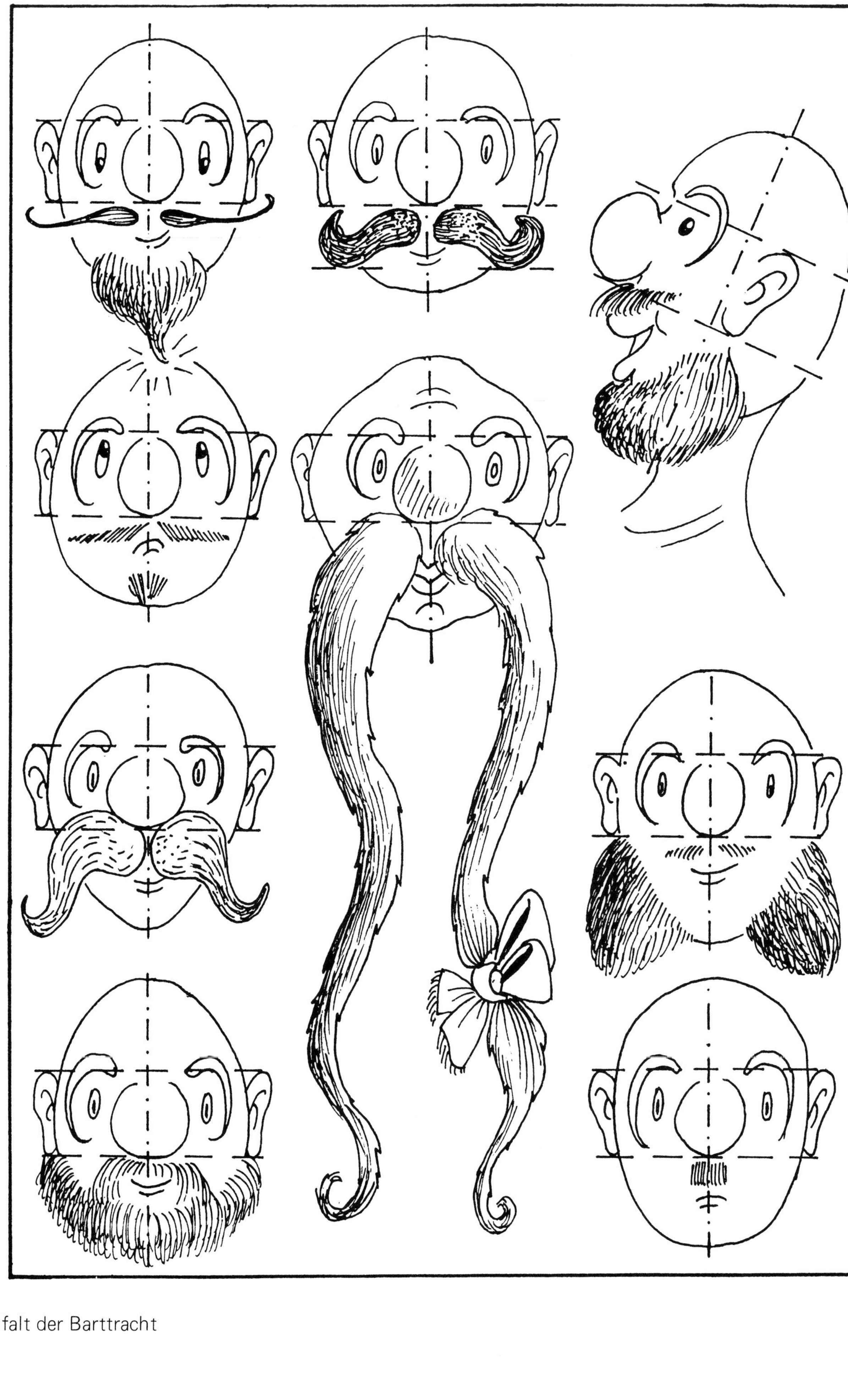

Vielfalt der Barttracht

Wenn im Alter auch die Schädeldecke leuchtet, für das Barthaar scheint immer noch reichlich „Nährboden" vorhanden zu sein. Bärte sind immer mal wieder modern. Was dem Schiffbrüchigen auf einer einsamen Insel mangels Spiegel und Frisierzeug wild wuchert, das wird in der zivilisierten Welt besonderer Pflege unterworfen. Vom zarten Schnäuzer unter der Nase a la Charlie Chaplin bis zum Rauschebart des Weihnachtsmannes, vom kunstvoll mit Pomade aufrecht gehaltenen Kaiser-Wilhelm-Bart bis zum Menjoubärtchen finden sich fließende Übergänge, die auch dem kernigsten und männlichsten aller Männer gerecht werden. Gestrichelte Haarflächen verdeutlichen dunkleres Haar. Der blonde Schopf oder das weiße Greisenhaar wird nur sparsam mit Haarstrichen versehen.

Weibliches, wallendes langes Haar, besonders schwarz oder dunkel gefärbt, kann durch entsprechende Lichtreflexe graphisch in interessanter Weise gestaltet werden.

Wallendes Damenhaar am Beispiel der Schauspielerinnen Eva Matthes und Dunja Reiter

Kopfbedeckungen und Accessoires

Cowboys und vornehme Damen haben mit Mexikanern und ostasiatischen Rikschafahrern – Männer, die den typischen asiatischen Taxikarren ziehen – eines gemeinsam: einen breitkrempigen Hut. Ebenso sind eine ganze Reihe anderer Persönlichkeiten ohne Kopfbedeckung kaum vorstellbar. Denken wir an alle Uniformierten (Polizei, Militärs, Piloten, Geistliche, Bahn- und Postbeamte), an die Schirm- und Pudelmütze sowie Sicherheitshelme tragende Arbeiter, die Käppis der Stewardessen, Kellnerinnen und Hostessen, um nur an einige zu erinnern.

Zu achten ist auf die richtige Position des Hutes auf dem Kopf: nicht zu hoch, nicht zu tief, vor allem aber nicht so, daß die Hutkrempe in die Schädeldecke „eingepflanzt" wird. Bei selteneren Kopfbedeckungen scheue man sich nicht, zu Vorlagen aus Lexika, Büchern oder anderen Mappen zu greifen. Oder gelingt Ihnen auf Anhieb ein Brautschleier, ein Doktorhut, ein Zylinder?

Das Beiwerk, die Accessoires sind als die Würze in der Ausgestaltung von Figuren anzusehen. Mondäne Damen lassen sich beliebig mit Schmuckutensilien behängen.

Militärs und Staatsgrößen funkeln mit ihren Orden und Ehrenzeichen. Ringe an den Fingern, an den Armen und Ohren (Kreolen) sollen hier nicht von Falten ablenken, sondern sind als Gestaltungsmöglichkeiten für größere Flächen anzusehen.

Lassen Sie sich beispielsweise in der Modeschmuckabteilung eines Kaufhauses inspirieren. Für ordensgeschmückte Männerbrüste bieten sich die Illustriertenberichte von Staatsempfängen an. Tätowierungen auf Armen und Männerbrust, ein spezielles Beiwerk Angehöriger der christlichen Seefahrt, sind schon schwieriger ausfindig zu machen. Aber mit ein wenig Phantasie gelingen auch ein paar typische Tätowierungen wie Anker, Herz und Pfeil oder ein stilisierter Frauenkörper.

Die Kopfbedeckung

Spezielle Kopfbedeckungen: Brautschleier (a), Doktorhut (b) und Zylinder (c)

Accessoires: das treffende Beiwerk

„Schmuck und Eitelkeit lagen schon in der Wiege des Menschen bereit!"

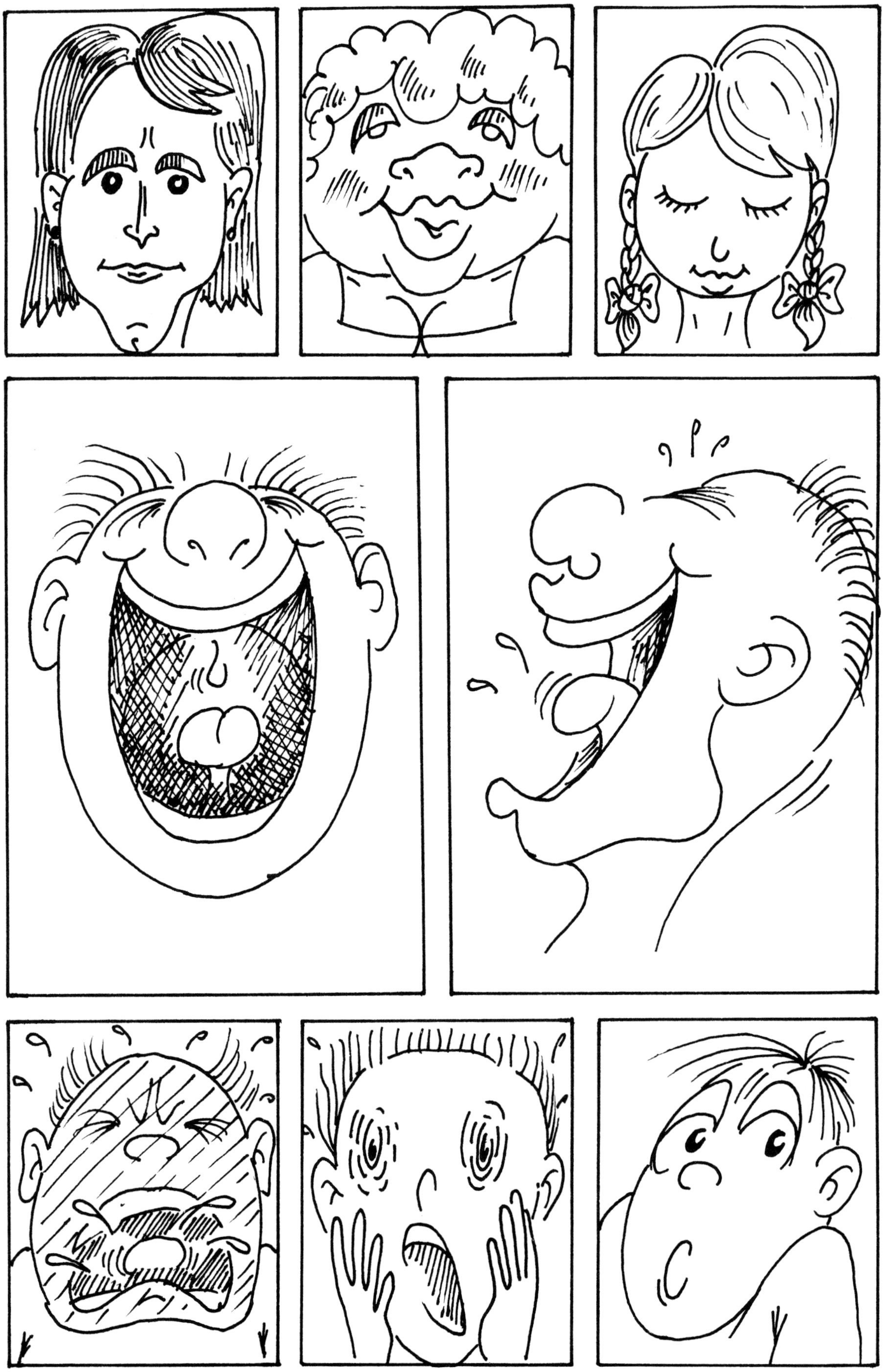

Empfindungen in der Karikatur

Empfindungen

Nirgends drückt sich der Gemütszustand so deutlich aus wie im Gesicht: Erregung, Zufriedenheit, Angst, Gelassenheit, Wut, Haß, Liebe, eben alle Empfindungen, zu denen ein leidenschaftlicher Mensch fähig ist. Mehr noch als der Mime auf der Bühne ist die Humorzeichnung in der Lage, diese Empfindungen auszudrücken.

Die Gemütsbewegungen werden vornehmlich durch Mundbewegungen dargestellt, wie schon grundlegend besprochen wurde. Sowohl bei fröhlichen Menschen als auch bei Verzweiflung können die Augen geschlossen sein. Der Lachende wirft den Kopf in den Nacken, der Betroffene senkt das Haupt betreten zu Boden. Wut spricht aus senkrechten Stirnfalten zwischen den Augenbrauen. Selbstzufriedene und Verliebte sind an dem verklärten Blick und einem lächelnden Mund zu erkennen, während Schreibtisch-Arbeiter, Müde und Gelangweilte den verklärten Blick (heruntergezogenes Oberlid) mit einem verächtlich nach unten gezogenen Mund verbinden. Kurz: Das Lesen der Empfindungen im Gesicht der Menschen ist ein umfangreiches Unterfangen der Psychologie. Wir sollten prinzipiell nicht aufhören, Empfindungen unserer Mitmenschen zu studieren, um ihnen bei Bedarf auch die Hand reichen zu können.

Köpfe anderer Länder

Schon der Bayer, Ostfriese oder Hamburger unterscheidet sich in seiner Konstitution, wobei sich die Humorzeichnung streng an gebräuchliche Klischees hält: Der Bajuware ist eben der stämmige, hemdsärmelige in krachledernen Hosen mit Trägern, Schnauzbart und Gamsbart-Hut, der Hamburger eher schlank mit Fischerhemd und Seglermütze.

Andere europäische Völker haben die ihnen eigenen typischen Gesichtsformen, Bärte, Haarschnitte und -farben. Der Franzose mit seiner Baskenmütze und der Grieche, gekennzeichnet durch sein klassisches Nasenprofil. Ölscheichs, Indianer, Cowboys, Amerikaner, Russen, Neger, Zigeuner und asiatische Gestalten, sie alle haben eigentümliche Formen des Gesichts, der Augen, der Nasen, des Mundes – unterstützt durch ganz bestimmtes Beiwerk.

Zwei Charakterköpfe seien stellvertretend für viele genannt: der Neger und der Asiate.

Das negroide Aussehen wird maßgeblich durch das krause, schwarze Haar, die großen Augen, die breite Nase und den großen Mund mit wulstiger Ober- und Unterlippe bestimmt.

Der Asiate, geradezu ein Kontrasttyp zum Neger, hat strähniges, schwarzes Haar, d.h. die Haare werden einzeln dicht an dicht mit dünnen Strichen angelegt. Das Gesicht ist schmal, die Wangenknochen stehen deutlich hervor. Nase und Mund sind relativ klein. Entscheidend für die Wiedergabe eines asiatischen Gesichts sind die charakteristischen Mandelaugen und die Mongolenfalte des Oberlids. Die Reiseliteratur hält in ihren Beschreibungen unter "Land und Leute" mannigfaltige Vorlagen bereit. Auch Reisebüros helfen gerne bei der Suche nach geeigneten Prospekten.

Köpfe anderer Länder: Afrikaner und Asiat

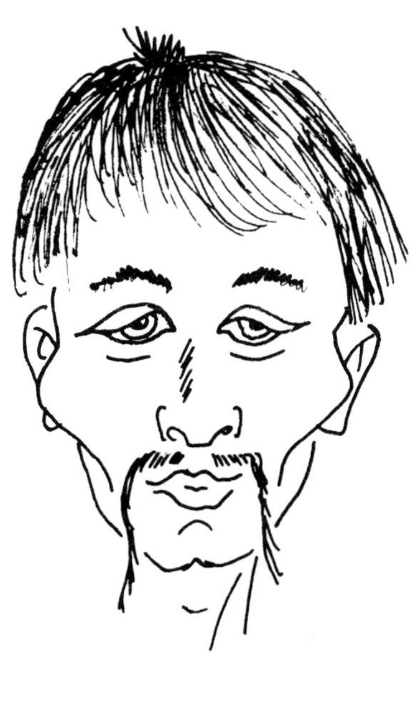

Prominenten-Karikatur

Bekannte Gesichter von Presse, Funk und Fernsehen zeichnen sich durch markante Gesichtszüge aus, die in der Karikatur verstärkt herausgestellt werden. „Normale" Bereiche im Gesicht läßt man oft ganz weg oder reduziert sie zu dem eben noch Notwendigen. Der holländische Entertainer Rudi Carrell zum Beispiel hat zunächst einmal eine ausgeprägte Gesichtsform, die deutlich von der eines Kreises abweicht. Auffällig ist dabei die lange Kinnpartie. Auch die Frisur mit der Tolle springt deutlich ins Auge. Damit ist der Rahmen für eine Porträtkarikatur gesetzt. Für die Zielansprache der Augen, Nase und Mund bedient man sich wieder der Hilfslinien. Alle Teile des Gesichts tragen mosaikartig zu dem Porträt der bekannten Persönlichkeit bei.

Häufig begegnet man in den Medien Menschen mit derart markanten Gesichtszügen, daß schon Segmente, d.h. Teile des Porträts auf die Persönlichkeit schließen lassen. Da ist beispielsweise der lockige Kopf mit Hut und Schnäuzer, der uns sofort an Charlie Chaplin erinnert oder das markige, bebrillte Grübchengesicht des Liedersängers Heino.

Entwicklung eines bekannten Kopfes: der Fernsehunterhalter Rudi Carrell

Eine Reihe von Humorzeichnungen nutzen gerade in ihrer Pointe den Bekanntheitsgrad eines Stars oder eines Politikers aus. Nicht selten wird der Kopf der Persönlichkeit in bezug auf seine Statur überdimensional dargestellt, um die überzeichneten Gesichtsmerkmale dem Betrachter zu verdeutlichen.

Schnellzeichner auf dem Montmartre in Paris und anderswo haben sich beim Erfassen des Wesentlichen und Herausstellen typischer Gesichtsmerkmale so weit vervollkommnet, daß ihnen auf Anhieb von jedem Passanten eine treffende Porträtkarikatur gelingt. Das Geheimnis dieser Kunst ist das Zerlegen des Gesichts in die Gesichtsmerkmale wie Gesichtsform, Haartracht, Augen, Nase, Mund. Die Ohren müssen zwar richtig plaziert sein, tragen aber nur in Sonderausführungen, etwa als abstehende „Segelohren" oder als beim Boxkampf gelittene „Blumenkohlohren", zum Gesamtporträt entscheidend bei.

Die Gesichtsmerkmale werden der Reihe nach „abgefragt", in die „Schubladen" der Merkmalsvariationen (Knollen-, Spitz-, Stubs- und Boxernase) gesteckt und als vereinfachtes, aber übertriebenes Zeichen wieder herausgenommen. So ebenmäßig ist kein Gesicht, als daß es nicht für die Karikatur ergiebig wäre, und seien es nur die Sommersprossen.

Konzentration auf das Wesentliche: Charlie Chaplin und Heino

Der Körper

Die Pantomime verdeutlicht uns, daß wir uns um die hohe Ausdruckskraft des Körpers betrögen, würden wir uns ihrem Studium nicht ebenfalls mit Eifer für unsere Humorzeichnung widmen.

Auch in der Humorzeichnung, wenn auch nur in vereinfachter Weise, kommt es auf gewisse Körperproportionen sowie den richtigen ‚Sitz" der Gliedmaßen am Körper an. Eine neunjährige Schülerin hat damit noch ihre Schwierigkeiten.

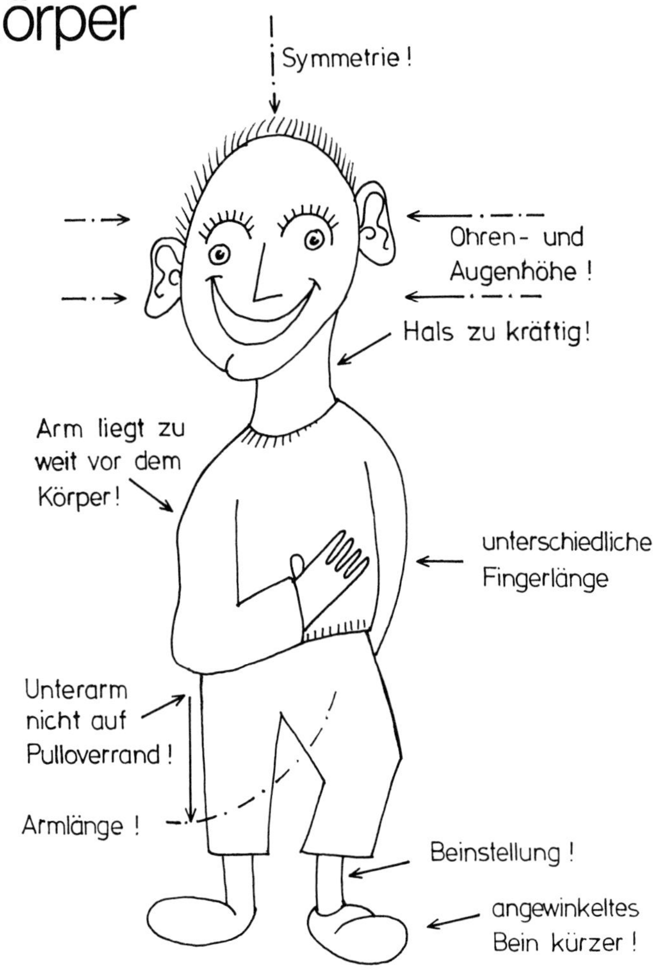

Schülerzeichnung des Körpers und Korrekturvorschläge

Proportionen des Körpers

Beim figürlichen Zeichnen wird für gewöhnlich die Länge des Körpers mit sieben bis siebeneinhalb Kopflängen angegeben. Modeschöpfer begnügen sich damit nicht, sondern zeichnen ihre Modelle mit neun Kopflängen aufs Papier. Die Kleider sollen eben stärker zur Geltung kommen als der Kopf.

Die Bedeutung des Kopfes in der Humorzeichnung wurde bereits mehrfach herausgestellt. Die Humorzeichnung krallt sich nicht an derart feste Proportionen. Ein kleiner dicker Mann wird eben klein dargestellt, eine lange „Bohnenstange" eventuell doppelt so lang. Der Kopf allerdings muß diese Unterschiede nicht im gleichen Verhältnis mitmachen. Er bleibt uns auch bei kleineren Personen in vergrößerter Form erhalten. Viele Humorzeichner gehen etwa von kleiner Körperlänge von 3 bis 5 Köpfen aus.

Leonardo da Vinci hat sich einmal die Mühe gemacht, den Zeichnern seiner Zeit und in der Zukunft geometrische Hilfskonstruktionen an die Hand zu geben, die das Längenverhältnis von Körper und Gliedmaßen beschreiben. Seine diesbezüglichen Arbeiten gipfelten in der bekannten Darstellung, in der eine männliche Figur mit ausgestreckten Armen exakt in ein Quadrat und einen Kreis eingepaßt ist. Der Kreismittelpunkt liegt in Höhe des Bauchnabels, das Zentrum des Quadrates in der Schamgegend. Die Knie sitzen bei dem leonardischen Idealtyp in Höhe einer viertel Körpergröße, die Brust liegt auf dreiviertel Körpermaß. Daß die Körperlänge mit der „Spannweite" unserer ausgebreiteten Arme in etwa übereinstimmt, kann jeder selbst einmal an sich ausmessen! Bei mir ist das Verhältnis 180 zu 190. Das entspricht zwar nicht exakt den vorgestellten Idealabmessungen, aber vielleicht hat das viele Bäumeklettern in jungen Jahren meine Gestalt etwas verzerrt. In welcher Höhe die herunterhängenden Hände liegen kann man sich leicht merken: Man denke nur an die strammstehenden Soldaten in Reihe und Glied, die ihre Fäuste an die Hosennaht drücken oder an die Fußballspieler, die bei indirektem Strafstoß ihre kostbaren Teile mit ausgestreckten Armen zu schützen versuchen.

Das Grundmodell einer Humorfigur läßt sich durchaus in drei gleichgroße Bereiche einteilen: den Kopf, den Rumpf und die Beine.

Sich an diese Einteilung sklavisch zu halten, hieße, ein wesentliches Spiel der Humorzeichnung zu verschenken: die Variationen der Körperproportionen.

Der Kopf, der Rumpf und die Beine lassen sich jeweils in ihren Dimensionen untereinander verändern, indem einmal ein kleiner Kopf auf großem Rumpf und langen Beinen, ein andermal ein großer Kopf auf kleinem Rumpf und kurzen Beinen gesetzt wird.

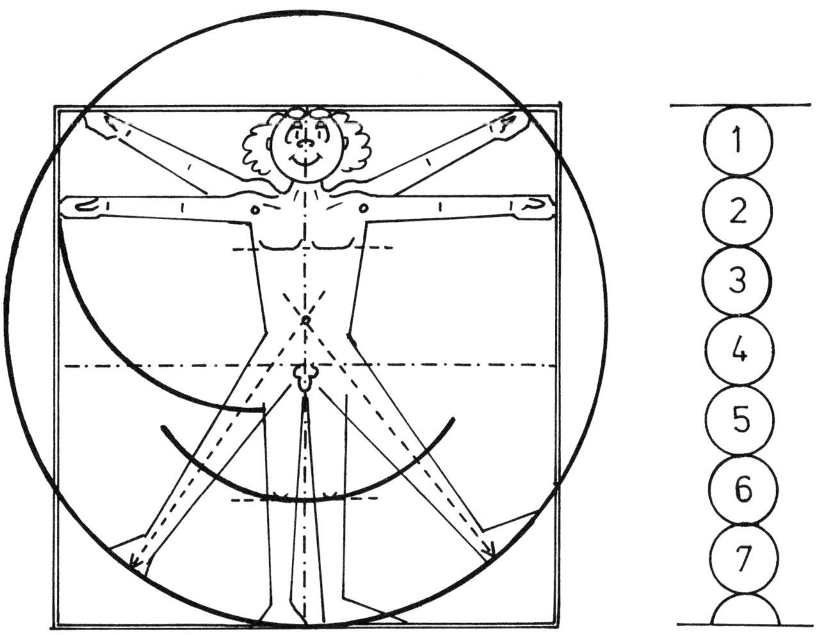

Proportionen und Körperlänge, frei nach dem Modell Leonardo da Vincis

Körperaufteilung von Witzfiguren

Variation von Kopf-, Rumpf- und Beinlänge

Hände

Besondere Bedeutung kommt auch dem gekonnten Zeichnen der Hände zu. Sie sind in einer lebendigen Humorzeichnung nur selten verdeckt. Die Qualität der Ausführung ist geradezu ein direktes Maß für den künstlerischen Fortschritt des Zeichners in seinem Bemühen und dem kritischen Dialog mit unterschiedlichen Betrachtern. Die Hand ist ein plastisches Gebilde, die in ihrer Räumlichkeit bereits in der einfachen Art der Humorzeichnung herauszuarbeiten ist. Am besten geht man von einem einfachen Anschauungsmodell der Hand aus: dem quadratischen Ausschnitt eines Holzbrettes etwa.

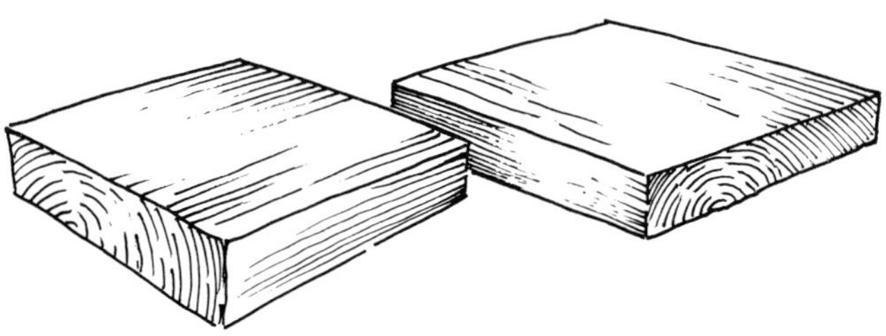

Grundmodell der Hand: eine quadratische Platte für die Handfläche (a) und eine aufgesetzte, gleichgroße für die Finger (b)

Dieser Körper soll die Mittelhand mit der Handfläche und dem Handrücken versinnbildlichen. Die Finger sind in einem aufgesetzten, gleichgroßen quadratischen Flachkörper unterzubringen. Von den Fingern nimmt nur der Mittelfinger die volle Länge dieses aufgesetzten Hilfskörpers ein. Zeigefinger und Ringfinger sind in gleichem Maße etwas kürzer, und die Fingerkuppe des kleinen Fingers liegt dann schließlich in der Verlängerung von Mittelfinger- und Ringfingerspitzen entsprechend tiefer.

Der Daumen ist mit seinem Handballen im unteren Drittel an die Mittelhand gesetzt. Die Länge des Daumens in angelegter Position entspricht in etwa der Länge der Mittelhand.

Zur Ausführung werden die rechtwinkligen Ecken unserer Grundkörper harmonisch abgerundet. Die Verlängerungen der gespreizten Hände schneiden sich in der Mitte des unteren Handflächenrandes, der einen kleinen Wellenberg aufweist Diese Hinweise sind im Grunde genommen trivial. Schauen wir uns doch unsere Hände an: Wir tragen sie doch immer bei uns. Lassen wir sie einen Gegenstand greifen, zeichnen, schwören oder auf etwas deuten.

Die Humorzeichnung verzichtet auf viele Details der Hand, auf Falten, Fingerformen, oft sogar auf die Andeutung der Fingernägel. Kurioserweise halten eine Reihe von Humorzeichnern die Darstellung der Hand mit nur drei Fingern und Daumen für ausreichend. In der Tat wirkt die Hand weniger verwirrend, wenn sie, besonders in verkleinerter Abbildung, nur mit vier Fingern gezeichnet wird.

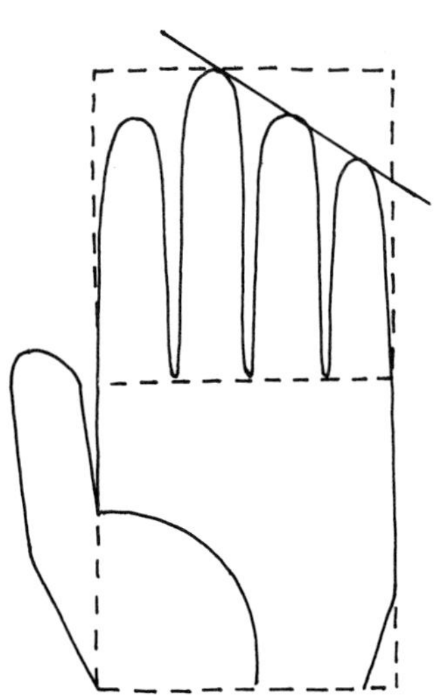

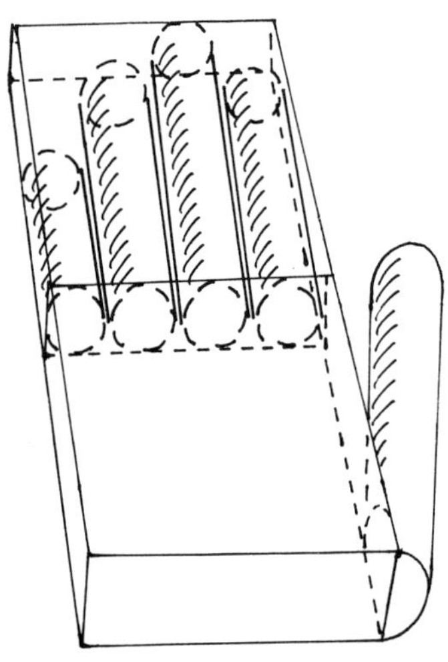

Länge der Finger

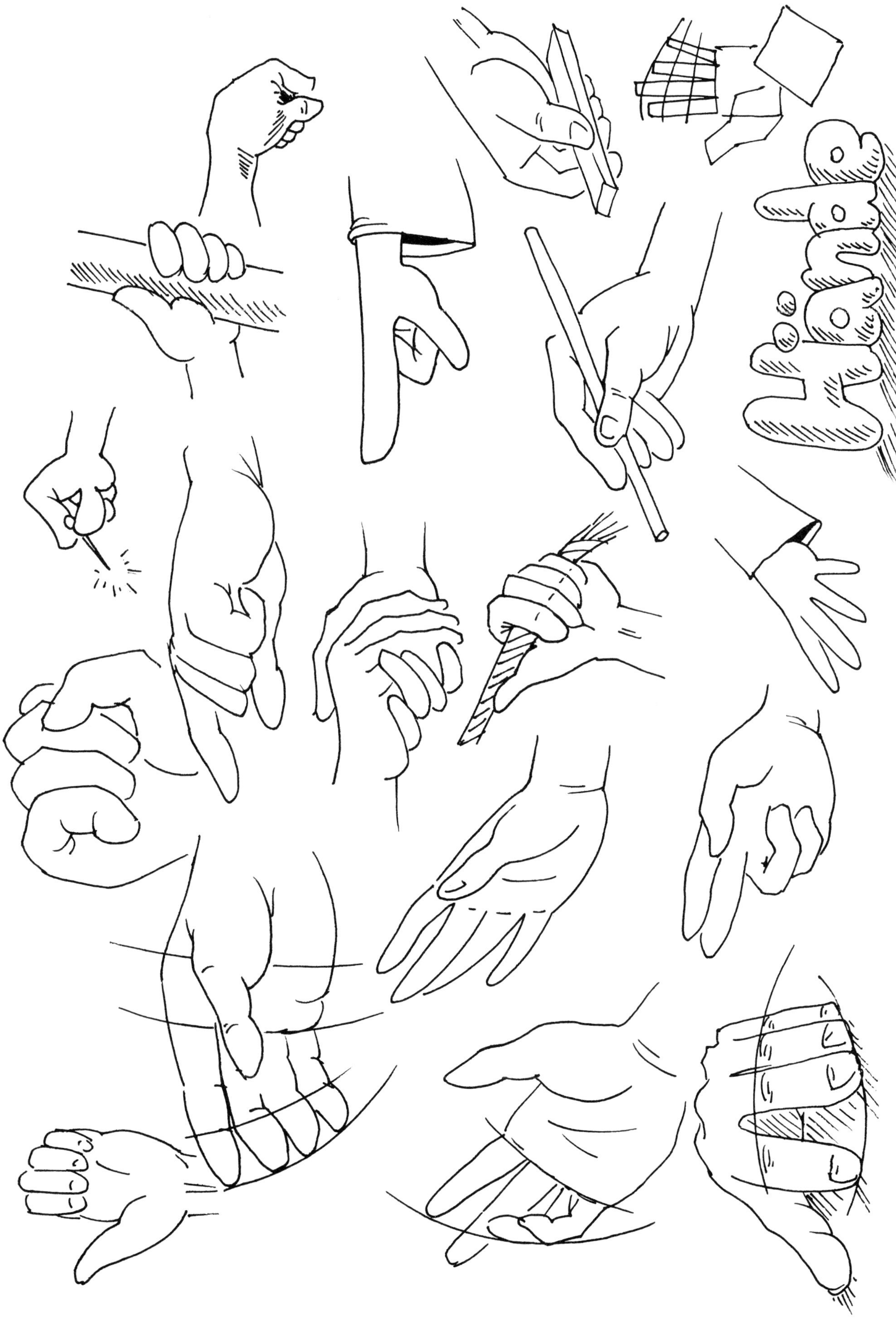

Die Hand in verschiedenen Positionen

Füsse

Die Füße werden oft nur sehr stiefmütterlich behandelt: Entweder sind sie in dicken Schuhen eingepackt oder stehen im Gras, unsichtbar für den Betrachter. So leicht kann sich ein Humorzeichner jedoch nicht immer aus der Affäre ziehen. Die Grundform des Fußes, nach der wieder zunächst gesucht werden soll, gleicht einem waagerechten Keil. An der Spitze setzen die Zehen an; das dickere Ende ist das Fundament des Beines.

Die großen Zehen sind an der Spitze innenseitig zu plazieren. Daneben ordnen sich vier kleinere Kugeln an, die den Eindruck der übrigen Zehen wiedergeben.

Nun ist dieses Grundmodell wieder nur entsprechend abzuwandeln, um einen nackten Fuß in den verschiedensten Variationen zu erhalten. Leichter noch läßt sich der beschuhte Fuß zeichnen. Der Phantasie sind bezüglich der Fußbekleidung keinerlei Grenzen gesetzt. Auf dem Papier läßt sich die Damenwelt ganz einfach in hochhackigen Schuhen darstellen — das unterstreicht die Fraulichkeit. Zum Studium holt man sich ein paar alte „Galoschen" aus dem Schuhschrank oder läßt sich von den neuen Modellen aus dem Versandhaus-Katalog anregen.

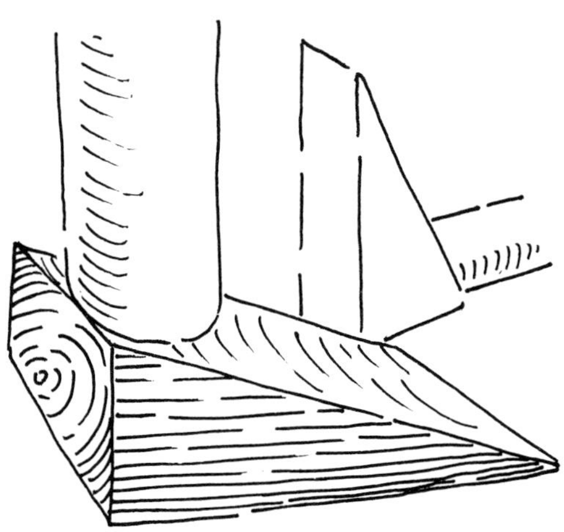

Grundmodell des Fußes: ein Keil

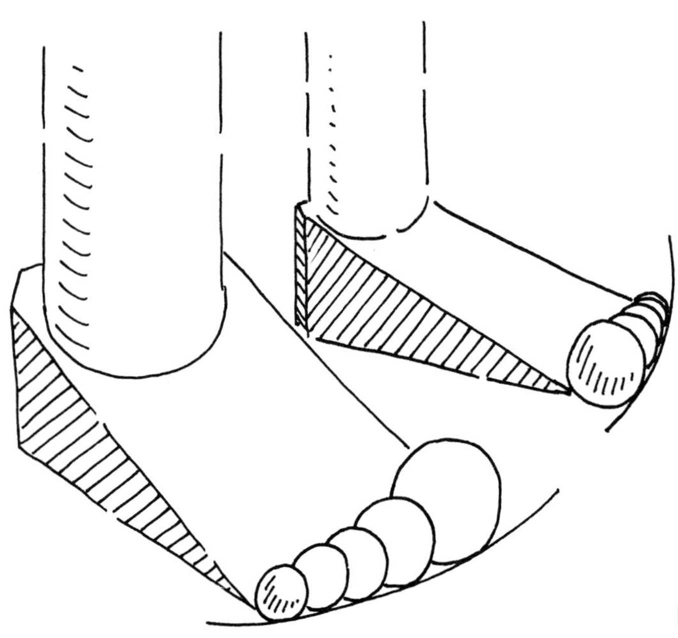

Die Zehen: größere und kleinere Kugeln

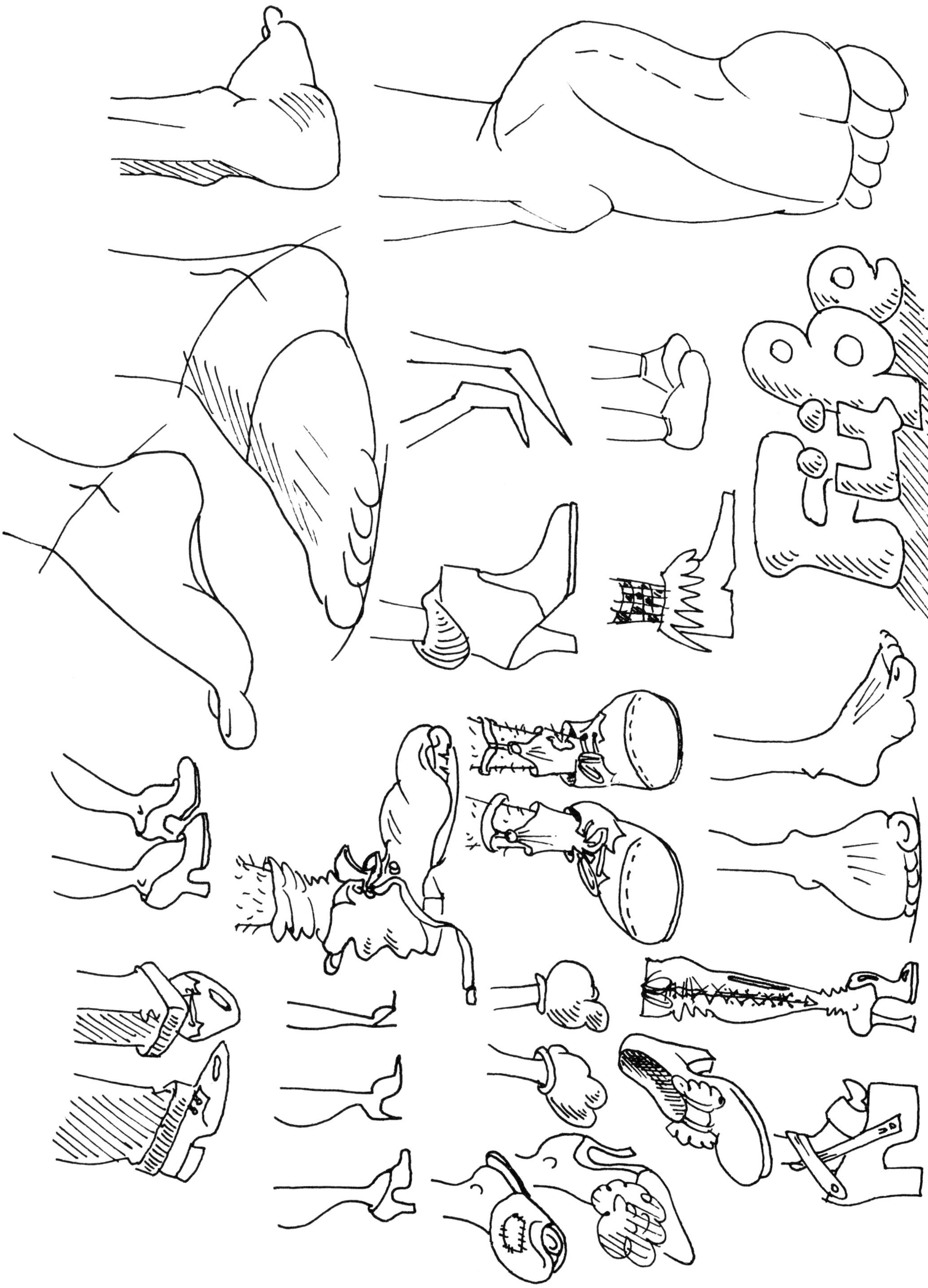

Der Fuß: nackt und beschuht

Entwicklung einer Figur

Nachdem sich nun hinreichend den Bausteinen des Körpers gewidmet wurde, sollten sie zu einer ganzen Figur zusammengebaut werden. Auch hierfür stehen Grundmodelle zur Verfügung: das Strich- und das Blasenmodell.

Das Strichmodell führt zurück zu den Anfängen kindlicher Zeichenübungen, als das Strichmännchen das Maß aller Personen war.

Diese Strichdarstellung nimmt eine entscheidende Stelle beim Entwerfen von Figuren und bei der Raumeinteilung ein. Sie ist sozusagen die erste Phase auf dem Wege zum fertigen Humorbild und kann beliebig schnell verändert werden. Mehr, als würde man mit Details anfangen, offenbart sich bereits in einem frühen Stadium der Gesamteindruck des Bildes; denn die Positionen sind bereits abgesteckt.

Entwicklung einer menschlichen Figur (c) aus Strichmodell (a), Blasenmodell (b) und ihre übertriebene Verformung (d)

Einen verstärkt räumlichen Eindruck vermittelt das Blasenmodell, mit dem geübtere Zeichner gleich beginnen. Es ist jedoch als Fortführung des Strichmodells zu verstehen. Bereits in dieser Phase lassen sich die Positionen so ausbilden, wie sie für die Figur in der Vorstellung des Humorzeichners notwendig sind, nämlich übertrieben im Körperbau, in der Haltung und in der Kleidung.

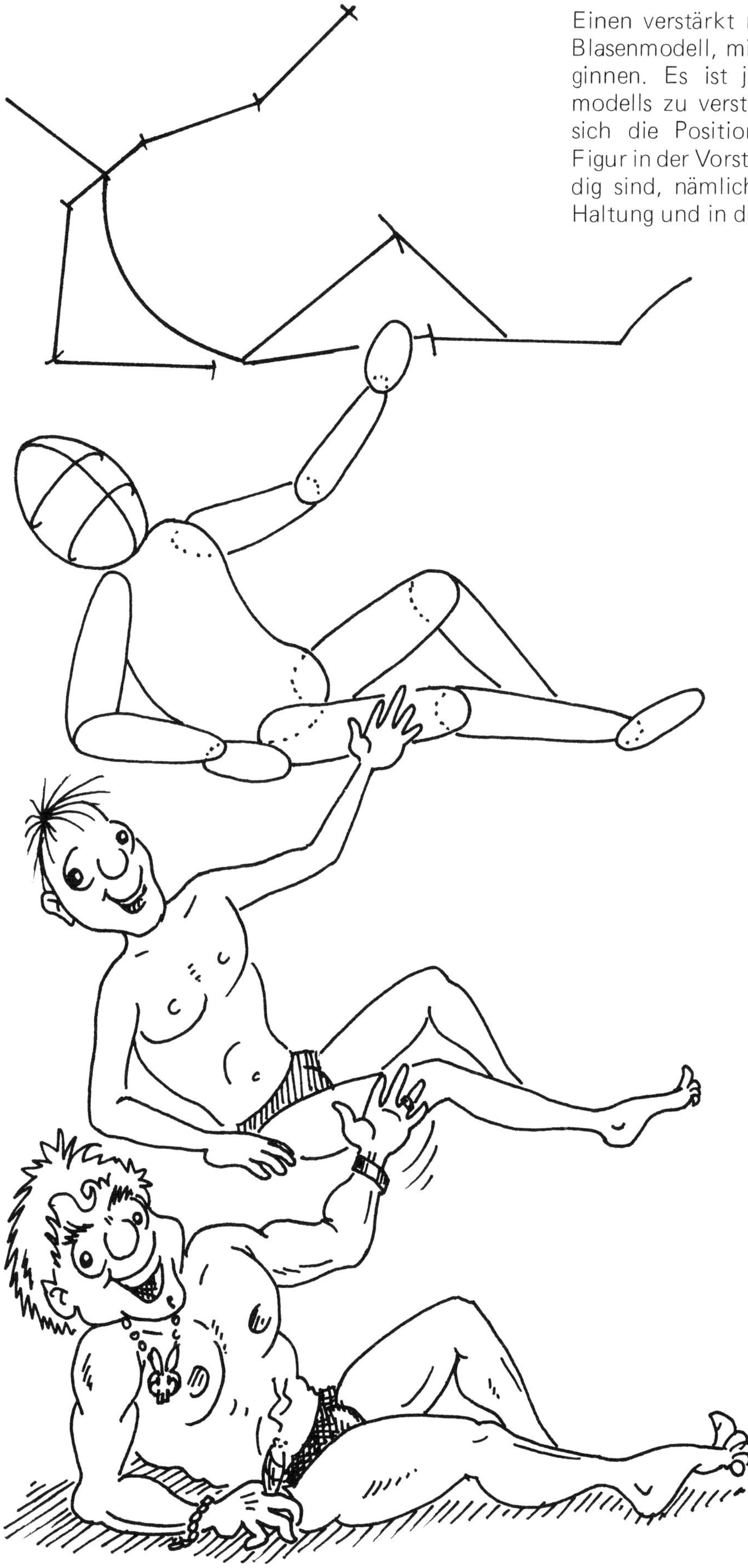

Die Figur in der Bewegung

Wirkt ein steifer Körper, das Symbol eines Denkmals, erheiternd? Wohl kaum! Auch der mit geradem Oberkörper Dasitzende löst bei uns kein Schmunzeln aus. Bewegung, Dynamik, schräge und diagonale Linien sind gefragt: Die vorgebeugte Haltung, das lässige Hinlümmeln auf dem Sofa, möglichst noch ein Bein über die Lehne baumelnd, gestikulierende Hände — das sind Momente, die Leben in das Bild zaubern. Sogenannte Bewegungslinien helfen dabei, die Hauptrichtung der Körperbewegung interessant zu plazieren. Sie bilden die Körperachsen sowie die Zentren der Arm- und Beinhaltungen in möglichst abwechslungsreichen Diagonalpositionen.

Die Darstellungen bleiben um so einfacher, je mehr Dynamik im Bild dominiert, denn dem Betrachter von Humorzeichnungen soll es immer leicht gemacht werden, schnell an den Sinn der Aussage heranzukommen.

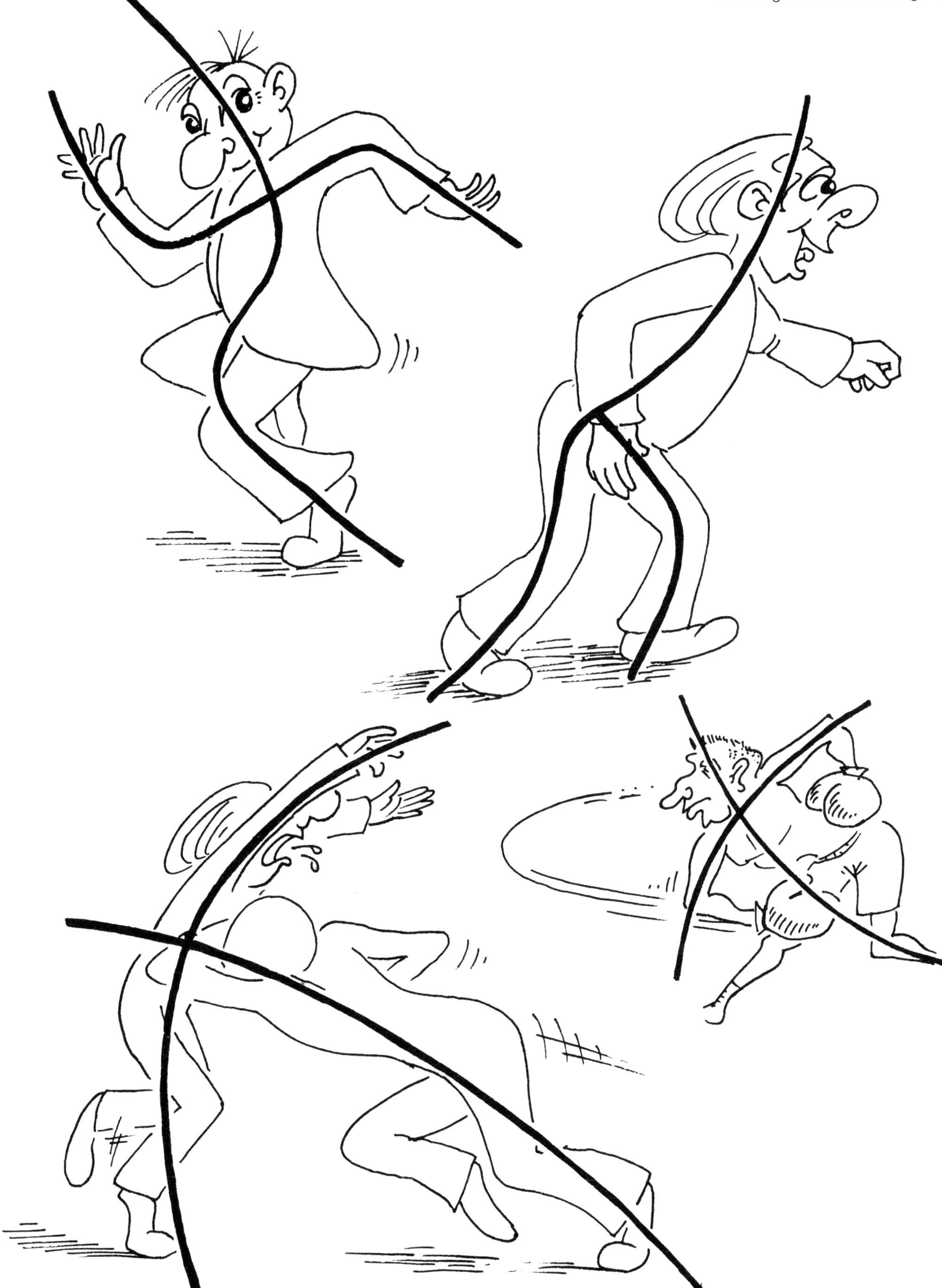

Bewegungslinien: Aktion aus einem Strich

Tiere, die Lieblinge von jung und alt

Über ein halbes Jahrhundert bereits hängt das Herz von jung und alt an den Zeichentrickfiguren von Walt Disney.

Mäuse, Enten, Hunde und Katzen, schließlich alle Tiere aus nah und fern, finden in ihren Darstellungen als Karikaturen großen Anklang. Ihr Verhalten geht uns nahe, weil wir menschliche Züge in ihnen entdecken. Sie werden zu Symbolfiguren, zu Lieblingen von jung und alt.

Nun wollen wir nicht der Professionalität der Comic- und Trickfilm-Industrie nacheifern. Die einfache Originalität eigener Tierdarstellungen hat selbst ihren Reiz. Kinder empfinden es immer als eine tolle Sache, wenn Mama und Papa die Dekorationen und Tischkarten für die Geburtstagsparty selbst entwerfen, und sie dabei sogar mithelfen dürfen. Tierkarikaturen sind die beliebtesten Motive. Sie eröffnen eine Fülle von Möglichkeiten.

Im Kreise der Familie macht es aber auch ohne besonderen Anlaß Spaß, Teddybär, Hase oder Maus auf ein Blatt Papier zu skizzieren. Kleine Kinder freuen sich ganz besonders, wenn sie in Begleitung von Tieren porträtiert werden. Sie amüsieren sich, fragen, wollen Geschichten hören und schließlich selbst anfangen, mit einem Stift zu zeichnen.

Wie possierlich, treffend und lustig fallen da manche Darstellungen aus, nahezu Karikaturen in reinster Form. Denn die Kleinen reihen nur die typischen Merkmale aneinander!

Viele Comicserien und Trickfilme mit ihren einfach strukturierten Leitfiguren, wie Snoopy & Co., der rosarote Panther oder die Gestalten der Sesamstraße, haben unser aller Sympathie erobert.

Tiere von nah und fern: ein Zoo aus dem Zeichenstift

Ein unvergleichliches Erlebnis jedoch ist es jedesmal, wenn man im zoologischen Garten oder in einer Zirkus-Vorführung die Tiere direkt aus der Nähe beobachten darf. Die vielen exotischen Wesen bieten eine unendliche Anzahl von Zeichenthemen. Zunächst nehme man sein Objekt der Einfachheit halber dann aufs Korn, wenn es ruhig in seinem Käfig sitzt. Später lassen sich die Bewegungen mit einbeziehen. Sie bringen erst die richtige Lebendigkeit zum Ausdruck. Es setzt jedoch schon gut entwickeltes Können beim Zeichner voraus, sowie eine Reihe von Studien, bis die unterschiedlichen Wesenszüge beim Laufen, Schleichen, Springen, Kämpfen usw. in typischer Form herausgearbeitet sind. Man sollte sich, aufbauend auf Grundformen über Bewegungslinien, immer wieder daran versuchen!

Schließlich helfen auch Bildbände der Zoologie, die Proportionen eines Tieres zu finden. Bei derart fundierten Bemühungen erfährt man auch, daß Insekten sechs Beine haben, während Spinnen von deren acht getragen werden. Nicht jeder weiß oder erinnert sich gleich, daß Kamele und Giraffen im Paßgang laufen, d.h. beide Beine einer Seite beim Gehen gleichzeitig anheben.

Die Tier-Karikatur umfaßt ein reizvolles und unerschöpfliches Gebiet. Mancher Karikaturist hat im Bereich humorvoller Tierzeichnungen einen Schwerpunkt seiner schöpferischen Arbeit gefunden, z B. auch der bekannte Mundmaler Cefischer in seinen Katzen-Bildgeschichten „Oskar, der Familienvater".

Vom vereinfachten Aufbau bis zur lustigen Tierkarikatur

Wie bei der Darstellung des Menschen werden einfache Hilfslinien gezogen, um die Symmetrie der Körper in jeder Haltung richtig abzubilden. Mehr noch als der Mensch erfordert das Tier die Beherrschung der dritten Dimension, nämlich die der räumlichen Tiefe. Tiere stehen und laufen nun mal überwiegend auf vier Beinen, die paarweise räumlich zu versetzen sind.

Zunächst sei jedoch einmal an die Basteleien aus den Kindertagen mit Streichhölzern und Kastanien oder Kartoffeln erinnert. Es lassen sich mit solchen Materialien etliche Tiere schon so lebensnah zusammenstecken, daß man sofort erkennen kann, ob es sich um einen Hund, ein Pferd oder eine Katze handelt. Dieses Grundmodell kann beim Zeichnen humorvoller Tierdarstellungen Hilfestellung leisten.

Ein anderes Modell, das noch stärker das Räumliche betont, entsteht durch Zusammenbau verschiedener Früchte: eine Honigmelone als Rumpf, eine Apfelsine als Kopf, eine Bohne für den Schwanz und vier Bananen, die als Beine dienen.

Während das Streichholzmodell der Strichdarstellung ähnelt, die für die Abbildung des Menschen herangezogen wurde, gleicht die Früchtetierfigur dem Blasenmodell (vgl. Seite 52).

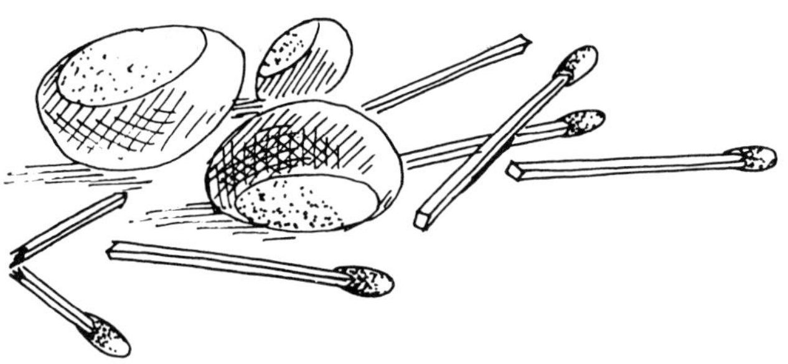

Ein Grundmodell für Tiere aus Kastanien

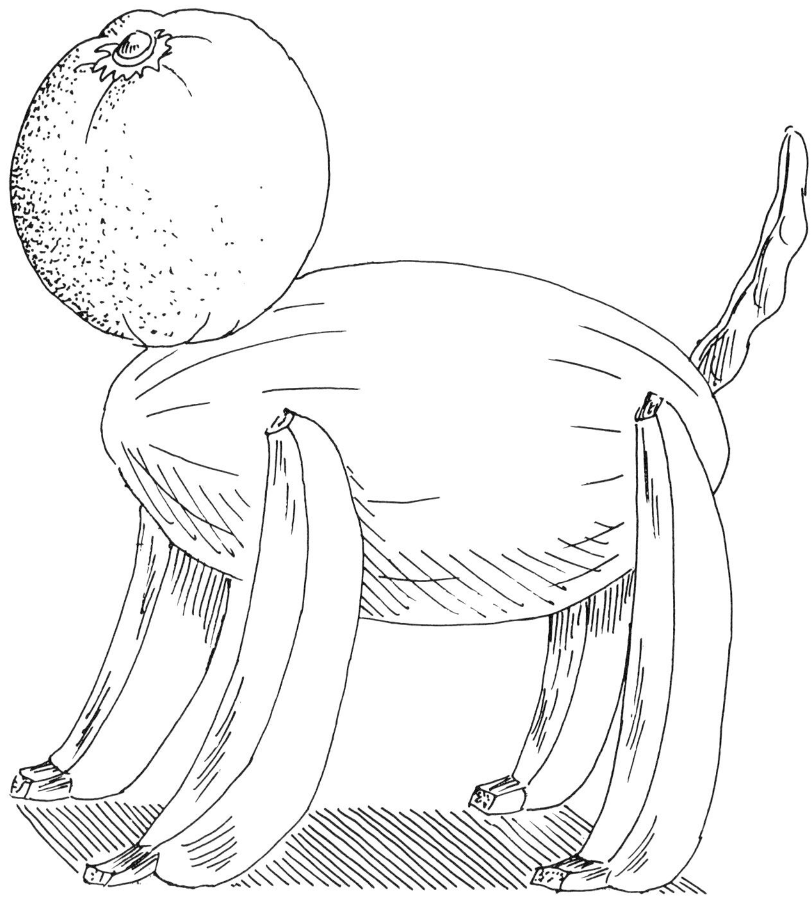

Ein Grundmodell für Tiere aus Früchten

Soll das Tier, was immer interessanter wirkt, nicht als Totalprofil von der Seite gezeichnet werden, sondern diagonal, so empfiehlt sich das Einbeziehen des Tierkörpers in einen entsprechenden Hilfskasten. Dieser Quader erleichtert die räumliche Positionierung, so zum Beispiel die Länge der Beine und die Höhe der Gelenke und Fußknöchel.

Die Ausstrahlung kommt jedoch auch beim Tier über den Gesichtsausdruck. Oft genug trägt es menschliche Züge. Auf menschlichen Ausdruck ist man insbesondere dann angewiesen, wenn es darum geht, weibliche Tiere auf das Papier zu bringen. Nicht jede Gattung erleichtert uns diese Aufgabe, wie die Kuh mit ihrem Euter, die Henne oder die Löwin. Bei einer Mäusin, Katze oder Hündin wäre man völlig aufgeschmissen, könnte man nicht auf eine Haarschleife, Augenwimpern, menschlich sensiblen Schmollmund oder eine Perlenkette zurückgreifen. Das Tierporträt beginnt mit dem Studium der typischen Gesichtsform. Meist ist sie rund oder oval. Dann gilt es zu überlegen, mit welchen markanten Merkmalen der Kopf ausgestattet ist: große oder kleine Ohren, Kopfkrause oder Gehörn, spitze oder breite Mundpartie. Eine Mittellinie hilft, alle paarweise auftretenden Sinnesorgane symmetrisch anzuordnen.

Die Tierfigur aus einem Quader

Entwickeln von Tierköpfen

Gestaltungsphasen einer Rehkarikatur: Grundmodell (a), Erweiterung (b), Kopfbewegung (c), Normalausführung (d) und Überzeichnung (e)

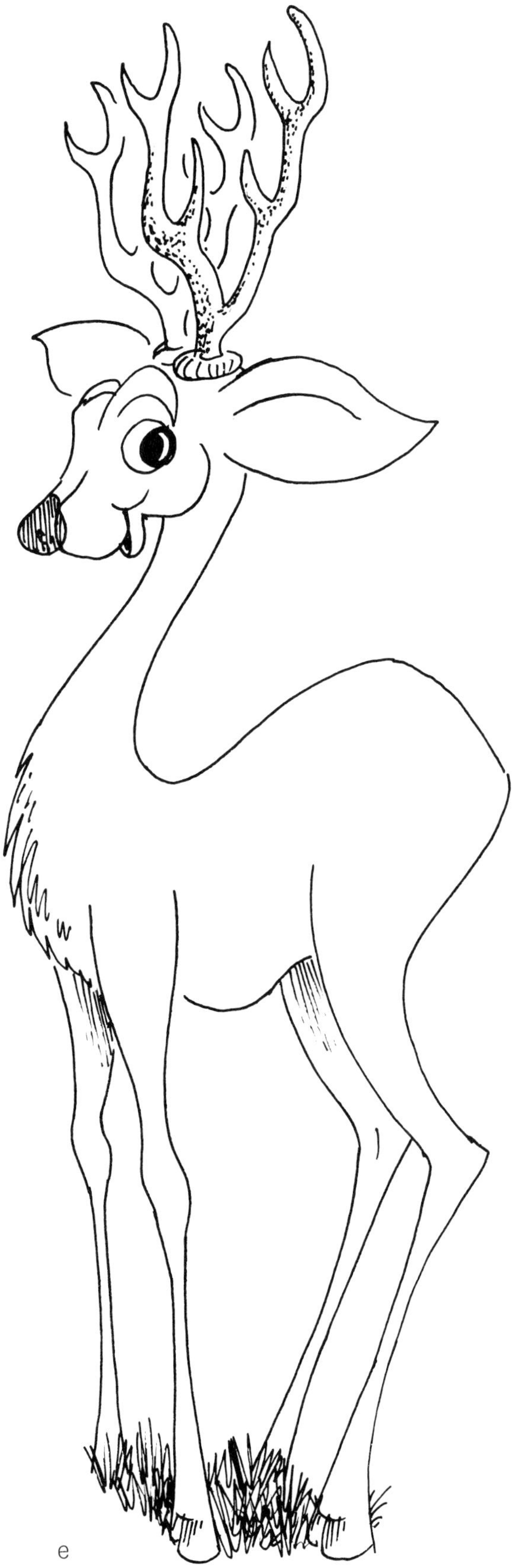

e

Schauen wir uns die Entwicklung vom Modell bis zur fertigen Humorzeichnung noch einmal am Beispiel des Rehs an. Aus der Streichholzfigur formt man den typischen Körper des Rehbocks, der zur Verdeutlichung der Räumlichkeit auf einem Rechteck steht. Da ist zunächst einmal die spitz zulaufende Kopfform des Rehs, der schlanke Hals, das stumpfwinklige, konische Hinterteil, die schlanke Hüfte und die langen, fast zerbrechlichen Beine. Von der Realität ausgehend erarbeitet man die Übertreibungen: große Augen und Ohren (Lichter und Lauscher in der Sprache des Waidmanns), der schwanengleiche Hals und die graziösen langen Beine. Dem männlichen Reh verpaßt man auch ein entsprechend stolzes Gehörn. Das Lächeln schließlich wird von unserer eigenen Gattung auf das Tier übertragen. Oder kann man einem Reh, im Gehege beim Füttern etwa, ansehen, ob es sich freut oder nachdenklich wirkt?

Tiere im ,,Gespräch''

Übungen am Tier

"Tierische" Werbung

Werbeleute haben längst die interessanten Kommunikationswellenlängen der Humorzeichnungen erkannt, mit denen sie bei ihrer Zielgruppe bestimmte Resonanzeffekte erzielen. Allen Humorzeichnungen voran steht die heitere Tierkarikatur. Sie läßt die Kinderherzen höher schlagen, weckt übergeschlechtliche Identifikationen und symbolisiert vortrefflich eine Reihe von Wesenszügen, die selbst profilierte Schauspieler nicht imitieren können: Die Schläue des Fuchses ist sprichwörtlich und im Märchen- und Mythenschatz tief verwurzelt, ebenso die geballte Kraft und Energie wilder Raubkatzen, die posierlich wirkende Gemütlichkeit der Braunbären, andererseits aber auch ihre sprichwörtliche Bärenstärke. Diese uns allen bekannten Bilder nutzen eine Reihe von Firmen, um ihre Produkte und Dienstleistungen nicht nur mit sachlichen Argumenten, sondern auch auf der emotionalen Schiene „rüberzubringen". Bekannte Vorbilder sind der „Esso-Tiger", der Fuchs der Wüstenrot-Bausparkasse und die rosaroten Elefanten der Deutschen Bundesbahn.

GRÜPPCHEN BILDEN ZAHLT SICH AUS. DIE MINI-GRUPPEN-KARTE.

Die Mini-Gruppen-Karte: Man spart bis zu 30 %.

Humorvolle Tierzeichnungen in der Werbung der Deutschen Bundesbahn

Der Raum, das Drumherum, die Kulisse

Eine Humorzeichnung lebt zum großen Teil von den Kreaturen, die sich auf witzige Weise miteinander beschäftigen. Jedoch schafft es erst der Hintergrund, wenn man so will als „Gewürzmischung", die Situation bzw. die Atmosphäre zu vervollständigen. Zu diesem Drumherum, dieser Kulisse, die nur sparsam als Hintergrund zu verwenden ist, seien noch einige Hinweise erlaubt. Dazu gehört ein kurzer Blick in die perspektivische Darstellungstechnik, die Antwort auf die Frage, wohin Schatten und Spiegelungen fallen, einige Beispiele von Landschaftskulissen und Errungenschaften der Technik sowie schließlich ein Blick in vergangene Zeiten.

Beim Zeichnen braucht man zwar nicht unbedingt nach „Meisterschaft" zu streben, dennoch ist mancher Ratschlag aus dem Erfahrungsschatz der akademischen Kunst auch für die Humorzeichnung ganz nützlich.

Die Perspektive

Schaut man eine gerade Straße hinunter, bis sie in einem Punkt verschwindet, so hat man ein typisches Beispiel der **Einpunkt-** oder **Zentral-Perspektive** vor

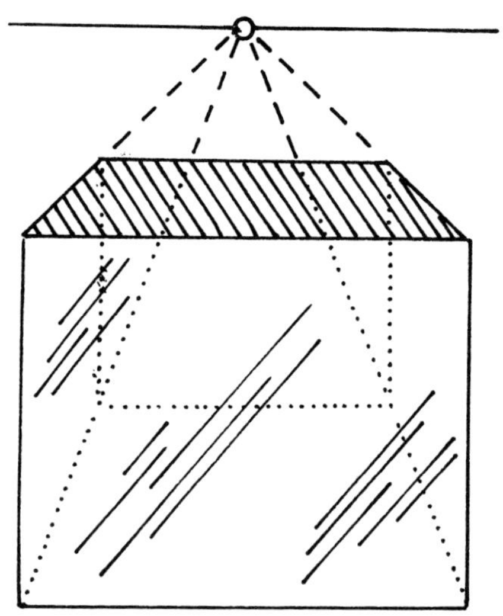

a

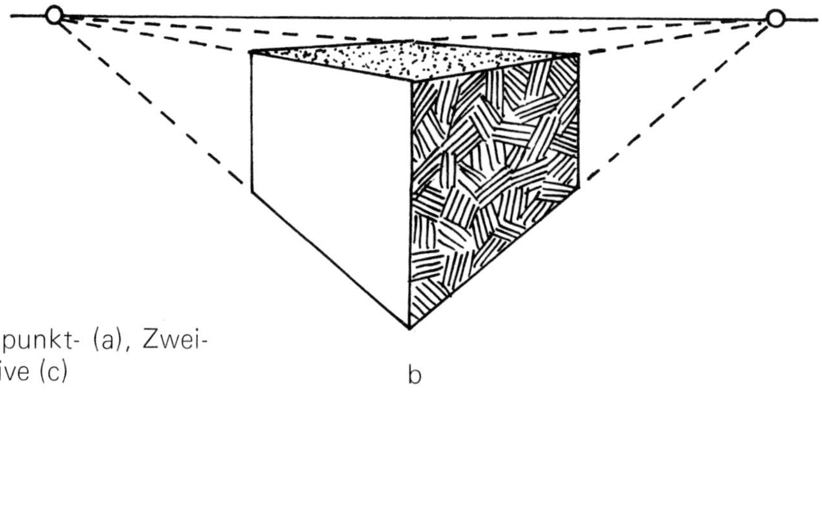

b

Hilfe für die Raumgestaltung: Einpunkt- (a), Zweipunkt- (b) und Dreipunkt-Perspektive (c) sich. Alle Linien von Gebäuden, Bäumen und Telegraphendrähten, die in Blickrichtung parallel zu dieser Straße verlaufen, treffen sich in diesem sogenannten Fluchtpunkt. Dieser Linienschnittpunkt muß nicht im Bildzentrum liegen, viel interessanter, er kann auch außerhalb des Zeichenblatts liegen. Man arbeitet dann, nachdem das Blatt fixiert und ein externer Fluchtpunkt auf einer Unterlage markiert wurde, mit einem langen Lineal, im einfachsten Fall mit einem Holzstab.

Meistens treffen sich nicht alle Linien im Raum in einem Punkt, d.h. man benötigt für die räumliche Darstellung einen zweiten Fluchtpunkt. Man spricht dann von einer **Zweipunkt-** oder **Eck-Perspektive**. Schaut man beispielsweise auf eine senkrechte Kante eines hohen Kastens, die auf einen zu gerichtet ist, so streben die beiden Ober- und Unterkanten der sichtbaren Seitenflächen je einem Fluchtpunkt zu, die beide auf dem Horizont liegen, auf Augenhöhe in weiter Entfernung.

Die Fluchtpunkte können im Abstand von der Frontkante dieser übereck gestellten Kiste gleich sein, aber auch variieren. Das Bild der Kiste ist wiederum nur ein Grundmodell. Man wird noch sehen, daß sich aus ihr leichter positionsgerechte Gebäude und Gegenstände formen lassen.

Befinden sich die abzubildenden Objekte nicht in Augenhöhe, sondern weit darunter oder deutlich darüber, dann kommt die **Dreipunkt-Perspektive** zum Zuge.

Dabei verschmälern sich nicht nur die Höhen räumlicher Gegenstände, sondern auch die Tiefen. Beim Hinaufblicken an einem Hochhaus oder beim Hinunterschauen auf einen Schemel verengen sich die Breiten, wobei die **Dreipunkt-Perspektive** gute Dienste leistet.

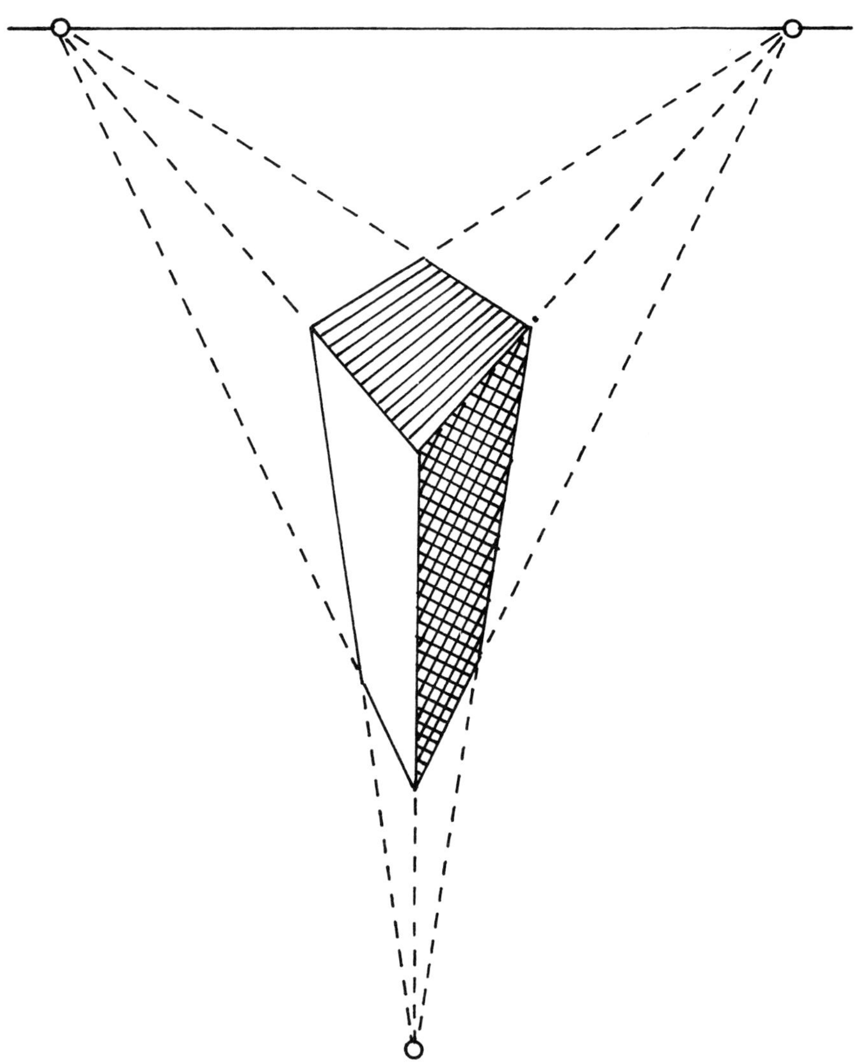

c

Schatten und Spiegelung

Räumlichkeit und Tiefenwirkung wird auch dadurch erzeugt, daß Personen und Gegenstände Schatten werfen. In welche Richtung die Schatten fallen, hängt natürlich von der Lichtquelle ab. Das kann die Sonne sein, die im Sommer bei hohem Stand und in der Wüste nur kurze Schatten erzeugt, oder eine künstliche Lichtquelle, eine Straßenlaterne oder eine Kerze etwa.

Der Schatten fällt mehr oder weniger kräftig von der Lichtquelle ausgehend über das Objekt weg, wobei auch die dem Licht abgewandte Seite des Objektes bereits abzuschattieren ist. Da in Bildern meist eine Diagonale von unten links nach oben rechts angestrebt wird, ist es oft üblich, Schatten nach links fallenzulassen.

Besonders hilfreich ist der Schatten, wenn sich Objekte vom Boden abheben. Er markiert dann nämlich den Abstand zum Boden. Ein springender Sportler ist noch an seiner Haltung zu erkennen, bei einem springenden Ball sieht das schon anders aus. Da zeigt der ovale Schattenfleck am Boden, daß der Ball nicht im Gras liegt, sondern geworfen oder geprellt wird.

Runde Gegenstände, wie etwa eine Kugel oder eine Säule, werden nicht ganz bis an den rückwärtigen Rand abgeschattet, wie dies bei kantigen Objekten der Fall ist.

Ansonsten verzichtet man in der Humorzeichnung meistens auf eine exakte Ausarbeitung von Schattenstrukturen. Das vereinfacht die Bildgestaltung ganz wesentlich.

Spiegelung ist zwar ebenfalls vom Licht abhängig, denn ohne Licht keine Spiegelung. Jedoch fällt die Spiegelung eines Baumes am Wasser etwa auf den Betrachter zu. Das gleiche gilt auch für abendliche Lichter am Wasser.

Perspektive und Schatten

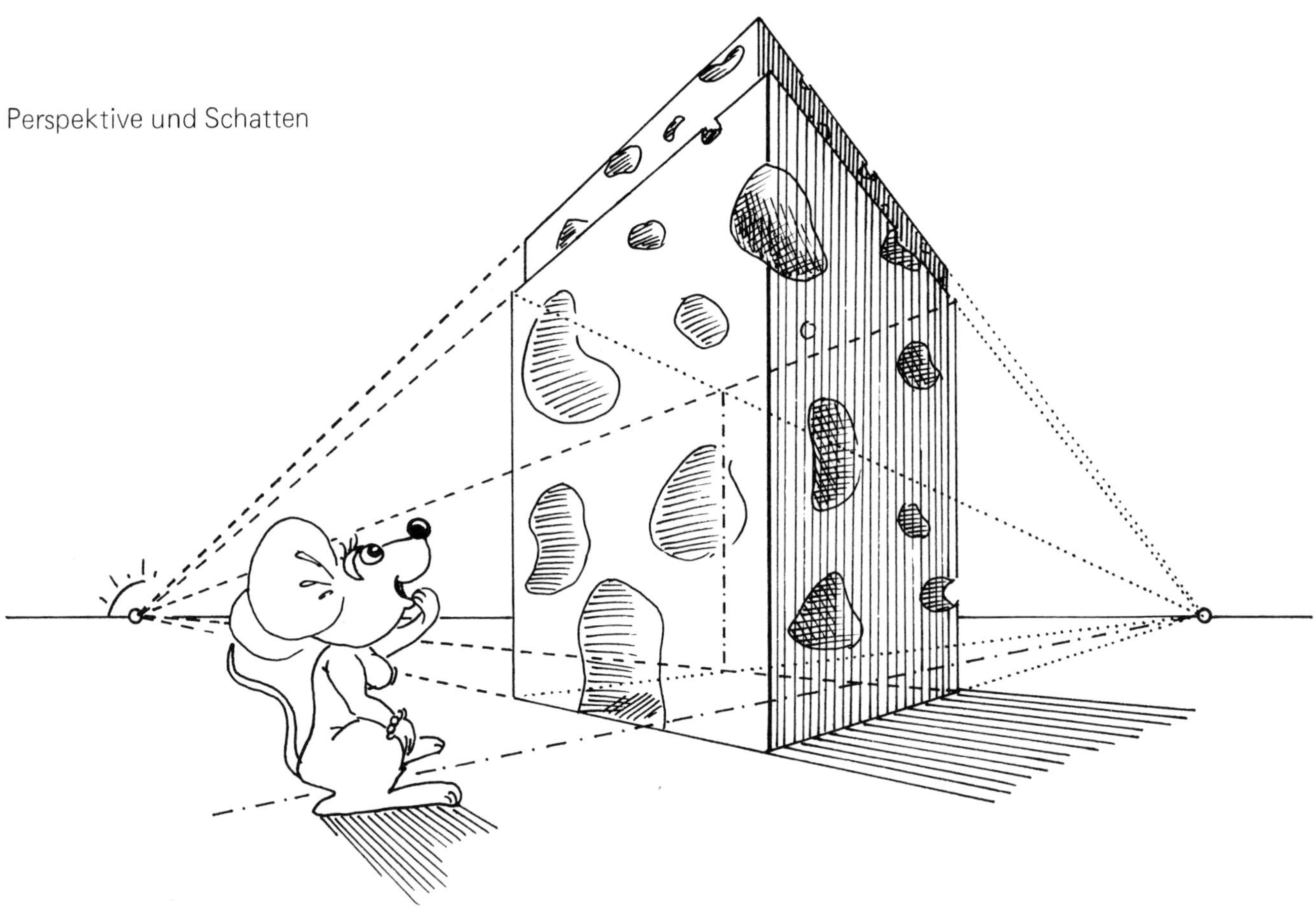

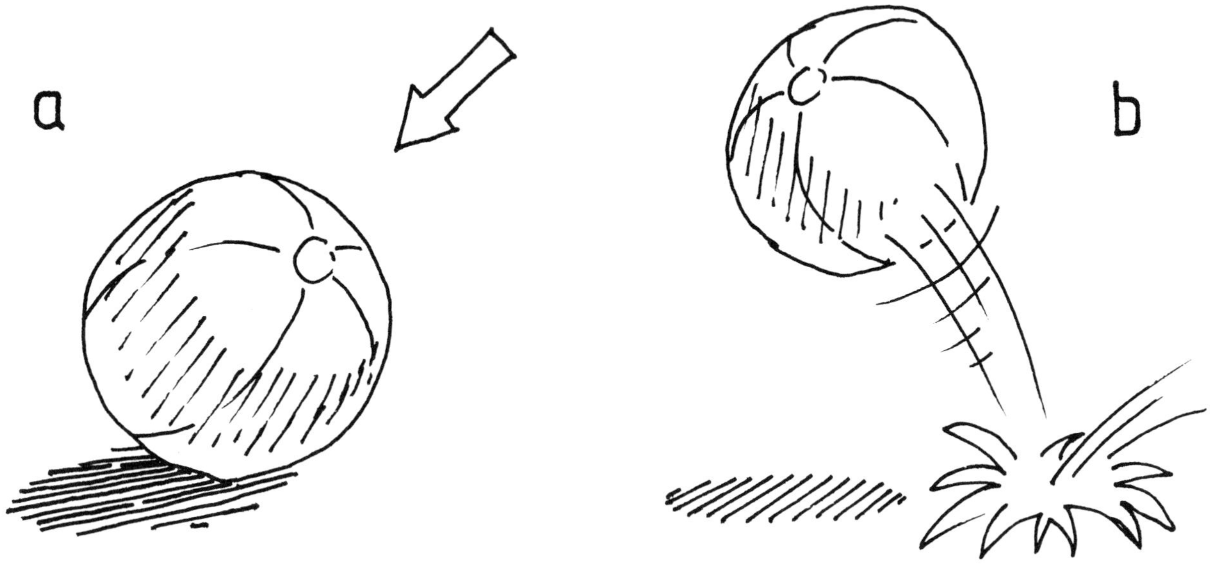

Schatten eines liegenden (a) und springenden Balles (b)

Schatten und Spiegelung am Weiher

Landschaften

Was auch immer geschieht, es spielt sich in Umgebungen ab, die man in der Humorzeichnung zumindest andeutet. Eine Schneelandschaft mit einem Iglu versetzt den Betrachter sofort in die Arktis zu den Eskimos, eine Sandlandschaft mit sengender Sonne (unterbrochene Kreise um die Sonne herum) und einem Tierskelett irgendwo im Vordergrund trägt uns mit den Gedanken sofort in die Wüste. Die Landschaft prägt den Witz mitunter entscheidend: wenn sich ein Bayer mit einem Ossi (Ostfriesen) an der Brandungsküste trifft oder der Großstädter mit einem naturverbundenen Bewohner der Bergwelt diskutiert. Auch die Lüneburger Heide oder andere typische Landschaften (mit Sehenswürdigkeiten in Städten) geben interessante Kulissen ab. Besonders ergreifend wirken exotische Gegenden: etwa eine Insel, ein verträumter Palmenstrand mit vorbeifliegenden Pelikanen oder die nächtliche Skyline von Wolkenkratzer-Städten. Ganz auf die Phantasie muß man sich bei den Darstellungen der Unterwelt, der Hölle oder himmlicher Wolkenlandschaften verlassen. Mit Ausnahme von Phantasiekulissen, zu denen es jedoch auch schon einige Vorbilder gibt, ist es sicherlich leicht, Anschauungsmaterial herbeizuschaffen.

Landschaften und Kulissen

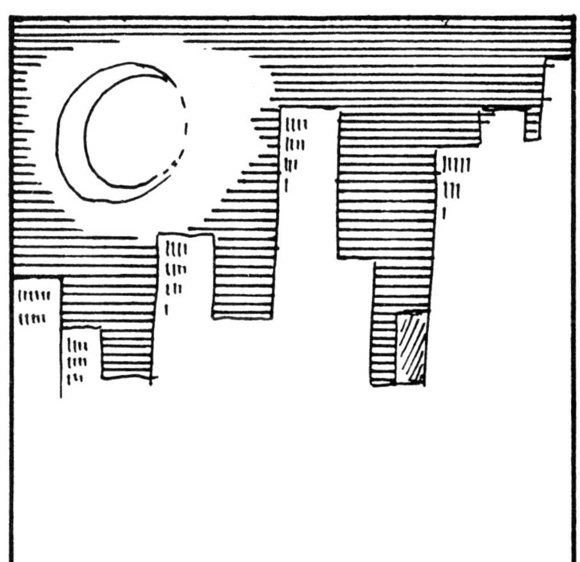

Errungenschaften der Technik

Humor im Bereich der Technik zu entwickeln ist allein schon dadurch nicht immer leicht, weil die meisten Details vielen Menschen nicht zugänglich, ja bisweilen unheimlich sind. So fallen Raketen, Bomben und andere Kriegsgerätschaften mehr in den Bereich der Zeitungskarikaturen als in den der Humorzeichnung. Anders ist es mit Verkehrsmitteln, Telefon, Fernseher, Computer sowie anderen Utensilien, die mehr und mehr zum Haushalt gehören.

Bei all diesen Gegenständen bedient man sich am besten der entsprechenden Grundkörper: Quader und Zylinder. Die perspektivische Darstellung mit geeigneten Fluchtpunkten kommt auch hier zum Tragen.

Wichtig ist für die Humorzeichnung immer die starke Beschränkung auf das Typische. Für das Verständnis des humoristischen Gedankens sind bestimmte Firmenprodukte unerheblich: Die Küchenmaschine braucht nicht das Design eines bestimmten Herstellers zu tragen, ebensowenig wie eine Automarke erkennbar zu sein braucht. Zumeist verwenden Humorzeichner bei Bedarf Phantasienamen für Markenfabrikate, z.B. das Automodell „Schnurstracks" mit einem Galgen als Kühleremblem oder die Flugfirma „Luftikus" mit einer Wolke auf den Leitwerken ihrer Flugzeuge.

Eine Vielzahl von Gegenständen in gewünschten Positionen ist ebenfalls leicht aus Anzeigen und Prospekten zu entnehmen und in geeigneter Weise charakteristisch darzustellen.

Entwicklung technischer Gegenstände aus Kästen und Säulen

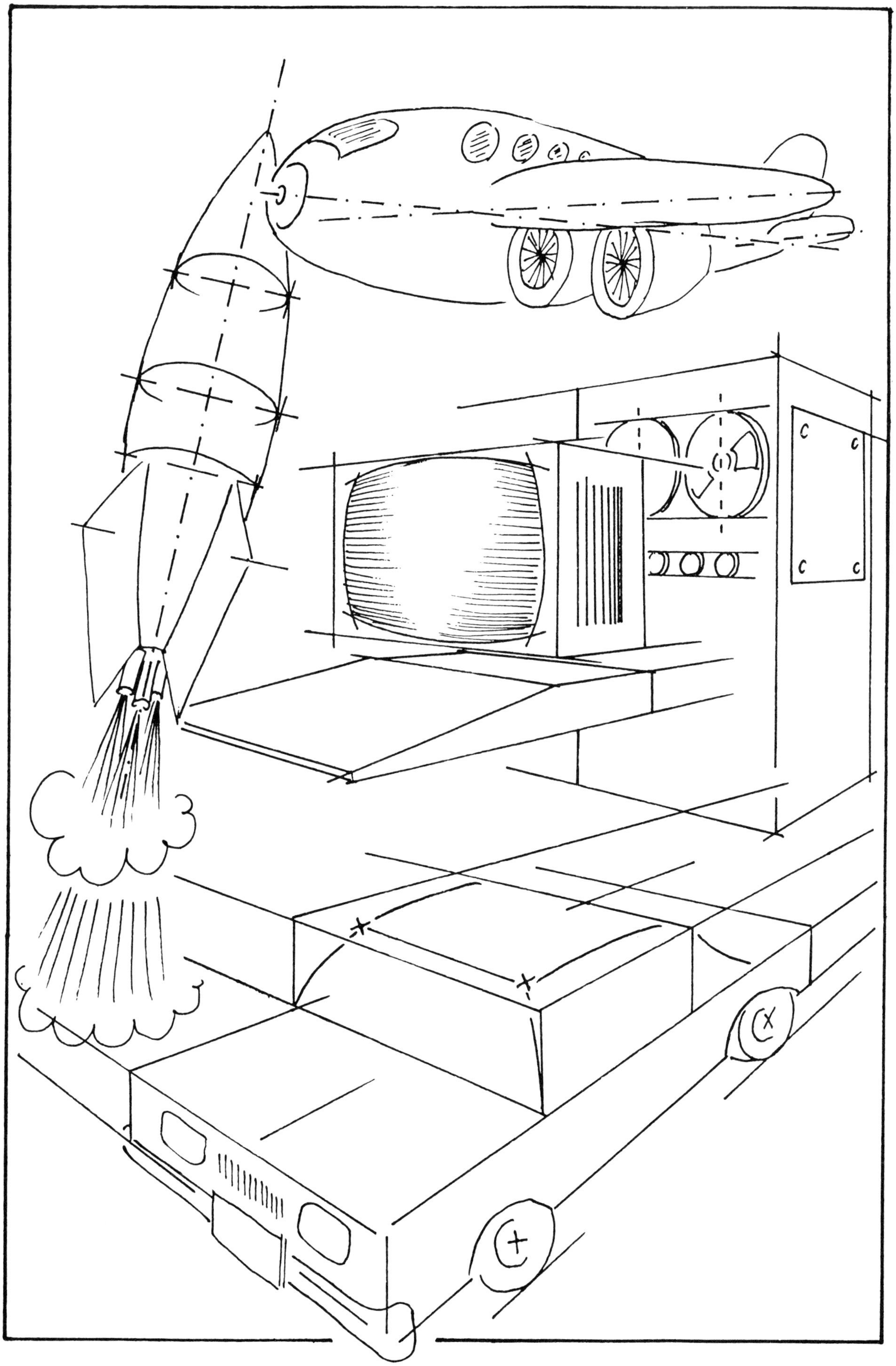

„Mir platzen die Lochsteine immer bei der dritten Lochung weg !"

Humorvolle Steinzeit- und Rokoko-Szene

Umwelt im Wandel der Zeiten

Historisch interessierte Zeichner reizt besonders, geschichtlichen Epochen ihre humorvollen Variationen abzugewinnen. Das kann mit Adam und Eva im Paradies beginnen und bis zu einem pompösen Staatsempfang der Gegenwart reichen. Beim Bau der Pyramiden lassen sich ebensoviele witzige Begebenheiten entdecken wie bei den Germanen, Wikingern, Römern oder Griechen. Jede Kulisse zeichnet sich durch typische Gebäude und die Gewänder der Menschen aus, die den Bildbetrachter wenigstens silhouettenhaft oder andeutungsweise in die gewünschte Zeit- oder Stilepoche versetzen sollen. Mit der Akropolis im Hintergrund weiß jeder gleich, daß er sich auf eine Szene im alten Athen einlassen darf, felsige Höhlen mit fellbekleideten, bärtigen Gestalten versetzen uns zurück in die Steinzeit, und aufwendige Gewänder an hochfrisierten Damen in Begleitung ihrer Galane auf einer Promenade läßt uns Zeuge des Lustwandelns zu Rokoko-Zeiten werden.

Für derartige Unternehmungen ist es zumeist unerläßlich, einmal wieder in Geschichtsbüchern zu blättern, die farbigen Trachtentafeln in Enzyklopädien zu studieren oder sich von einem Museumsbesuch beflügeln zu lassen.

Humoridee und Ideensuche

Wenn man sich das Terrain des Humors mit dem Zeichenstift erschließen will, muß man sich zunächst fragen, was denn eigentlich Humor und Witz sind und was sie kennzeichnet. Der Brockhaus definiert den Witz als eine geistreiche Belustigung oder einen belustigenden Scherz und den Begriff „Scherz" wiederum als nicht ernst gemeinte Äußerung. „Im Unterschied zum Witz sind im Humor besonders die Seelenkräfte des Gemüts wirksam", heißt es da in der Enzyklopädie weiter. Aber reichen diese Definitionen für den Humorzeichner aus?

Was ist humorvoll ?

Auf der Suche nach geeigneten Einfällen helfen die folgenden acht Grundsätze, auf die man aufbauen kann:

- Übertreiben, Überzeichnen,
- Kontraste vermitteln,
- unerwartete Situationen schaffen,
- Umsetzen der Situation in einen anderen Bereich,
- Betonen menschlicher Schwächen,
- Einbeziehen von Schadenfreude,
- Umkehren von Hierarchieverhältnissen,
- in Realität Unmögliches darstellen.

Sicher gibt es noch weitere Grundpfeiler, auf die man eine Humorzeichnung aufbauen kann, mitunter auch Varianten der oben genannten. Diese sollen jedoch zunächst ausreichen und näher erklärt werden.

Übertreibung und Überzeichnung lehrt uns die Karikatur. Aus dem Zirkus und von der Leinwand kennen wir den Spaß, der von dem Kontrast zwischen dem „dummen August" und dem „Weißclown" oder den unterschiedlichen Staturen von „Dick und Doof" oder „Pat und Patterchon" ausgeht.

Die unerwartete Situation treffen wir zum Beispiel schmerzhaft, wenn wir kräftig nach einem Ball treten, der in Wirklichkeit eine Stahlkugel ist oder wenn ein Mann dem wallenden Haar einer vor ihm gehenden Blondine nachhimmelt, das sich beim Umdrehen dieser Person als männliche Kopftracht herausstellt. Menschliche Schwächen und eine gute Portion Schadenfreude sind in diesen Situationen ebenfalls unverkennbar. Eine ganz gewöhnliche Situation kann allein schon dadurch Witz bekommen, daß sie transformiert, d.h. verlagert wird: eine Schulklasse etwa ins Reich der Tiere oder nach Japan, wo sich der Klassenlehrer mit asiatischer Kampftechnik wehrt.

Hierarchieverhältnisse und finsterstes Patriarchat bestehen heute noch vereinzelt. Gar manche Lehrlinge (Azubis), Assistenten und Helfer haben darunter zu leiden. Es wirkt dann sehr erheiternd, wenn der kleine Küchenlehrling es sich herauszunehmen wagt, dem Chefkoch eine Schüssel mit Blaubeeren über den Kopf zu stülpen, weil er einen Volltreffer im Lotto landete.

Bevorzugte humoristische Themen

Humor kann man grundsätzlich in jeder Situation an den Tag legen, selbt dann, wenn die meisten schon verzweifeln, also bis hin zum „Galgenhumor". Es haben sich jedoch Schwerpunkte herauskristallisiert, an denen sich Humorzeichner besonders gerne austoben: Themen, die schon in die klassische Humorgeschichte eingingen.

Da sind sicherlich an oberster Stelle die Insel-, Kneipen-, Beamten-, Schwiegermütter- und Kinderwitze zu nennen, dicht gefolgt von dem politischen, ethnischen und tierischen Humor. Auch relativ neue Themen wie die Computertechnik und das Umweltbewußtsein haben Humorzeichner zu spitzen Pointen animiert. Es gibt aber immer noch in humortechnischer Weise wenig bearbeitete Gebiete, wie beispielsweise Wissenschaft, Wirtschaft und Technik. Es ist mitunter schwer, hochbegabten Wissenschaftlern und Managern ein Schmunzeln abzuringen. Dabei hätten sie es oft am nötigsten und viele würden davon profitieren!

Vielleicht gelingt es dem Leser, neue Themen für Humorideen aufzubereiten oder ein bekanntes Humorterrain mit neuen Ideen zu füllen: den Garten, das Einkaufszentrum, das Hobby-Zimmer, die Sauna, den Sportplatz, das Trimm-Center, die Disco, diverse Berufe, Hobbies, Tierarten, Völker, Landsmannschaften usw. Einige Beispiele finden Sie auf den Seiten 78 bis 82.

„Raten Sie mal, wie viele Richtige ich im Lotto habe!"

Der Lottogewinn und die Schadenfreude des ,,Kleinen Mannes''

,,Na Oberst, was meinst Du, wieviel ich im Lotto gewonnen habe?!''

„Raten Sie mal, Chef, wieviel ich im Lotto gewonnen hab'..."

„Na, Alter, was glaubst du wohl, wer im Lotto gewonnen hat?"

„Natürlich kennen wir uns, Herr Prof. Dr. Derzel! Sie stellten mir im Vorphysikum so unglückliche Fragen über Elektronik in der Medizin!"

„Er ist ganz harmlos – so begrüßt er jeden!"

„Aber meine Herren, nun fahren Sie doch endlich weiter!"

Schweißtechnik unterm Moskito-Netz

„Das Karlchen kann schon ganz alleine den Graben hinter dem Haus überqueren !"

"Wie lange dauerte gestern Abend denn wieder eure Verbandssitzung ?"

„Vielleicht sind wir mit der Emanzipation doch etwas zu weit gegangen, Elvira !"

„Komisch – sonst funktionierte der Trick mit der Tischdecke immer !"

„Alkohol konnte ich nicht mehr feststellen, aber . . .

. . . noch genügend Goldflitter aus dem 'Danziger Goldwasser' !"

„Ich laß mich von diesen Sportanglern da oben nicht hereinlegen !"

„Für mich hat dieser Computer-Look etwas klösterlich Unnahbares, Gustl !"

„Du hast mich auch wieder mit Schmuck beschenkt!"

„Wir wollten auch nicht einen einzigen Baum roden!"

Wie finde ich originelle Ideen?

Das Auffinden von humoristischen Ideen unterscheidet sich in seiner Systematik vom Prinzip her nicht von der Suche nach Ideen aus anderen Bereichen (Technik, Werbung usw.). Sich aber mal so ein Dutzend guter Ideen einfallenzulassen, ist ohne systematisches Vorgehen kaum möglich. Ideenfindungstechniken gibt es in der Wirtschaft eine ganze Menge. Für die Humorzeichnungen eignet sich der „morphologische Kasten" besonders gut:

Man zerlegt das gewünschte Humorthema in zwei Merkmalgruppen. Beim Inselwitz wären das z.B. unterschiedliche Raumkulissen, die man in einer Spalte herunterschreibt:

– eine Insel im endlosen Meer,
– mit einer Palme,
– mit zwei Palmen,
– mit einer Hütte,
– mit einem Fahnenmast,
– mit verschiedenem Treibgut usw.

In die Waagerechte setzt man die Personen und Lebewesen, die zur Handlung beitragen:

– ein Mann, zwei Männer,
– eine Frau, zwei Frauen,
– ein Kind, eine Familie,
– ein Tier, eine Tiergruppe usw.

Durch Kombination von Kulisse und Lebewesen erleichtert man sich wesentlich, eine humorvolle Situation herauszuarbeiten. Dabei können dann auch noch die verschiedenen Jahreszeiten, Weihnachten und Ostern mit einfließen oder unterschiedliche Zeitepochen, ein Höhlenbewohner der Steinzeit etwa oder Napoleon, Hannibal mit seinen Elefanten auf einer Pazifikinsel und vieles mehr.

Ein wenig Technik

Für die Reproduktion von Humorzeichnungen ist ein schwarzer, hinreichend kräftiger Strich die beste Grundlage. Anspruchvollere Darstellungen kommen jedoch ohne Flächenschraffuren nicht aus. Mitunter bietet sich auch eine farbige Auslegung des Bildes an. Intensive Motivsuche und ein gutes Archiv tragen oft ebenfalls dazu bei, Humorzeichnungen gekonnt witzig zu gestalten. Wenn dann ein Motiv derart in Idee und Ausführung gelungen erscheint und nach Meinung des Schöpfers mit anderen Arbeiten aus diversen Publikationen Schritt hält, läßt sich auch mit Humorzeichnungen gutes Geld verdienen.

Zeichenmittel

Hat man bisher vielleicht nur mit einem Stift geübt, so ist es an der Zeit, auch einmal andere Zeichenmittel auszuprobieren: einen mittelweichen Bleistift beispielsweise, mit dem grundsätzlich vorgezeichnet wird, einen schwarzen Kuli, Filzschreiber, Tinten- und Tuschefedern sowie Pinsel. Kreiden sind für die Reproduktion nicht so geeignet, sonst jedoch ebenfalls gut einsetzbar.

Schließlich lassen sich humorvolle Figuren noch im Linolschnitt oder auf Kupferplatten, in der Lithografie oder in Batik-Technik fertigen, was jedoch schon recht spezielle Kenntnisse voraussetzt.

Von vielen Zeichnern werden Normschreiber (Rapidographen) verwendet, da sie, in unterschiedlichen Strichstärken erhältlich, gleichmäßig breite Linien ziehen und leicht mit schwarzer, deckender Tusche aufzufüllen sind. Die überstehenden Bleistiftstriche können nach dem Eintrocknen der Tusche, ohne sie zu beschädigen, mit einem weichen Radiergummi ausradiert werden.

Filzschreiber sind ebenfalls sehr praktisch, aber die Farben sind nicht lichtecht. Sie verblassen mit der Zeit. Kugelschreiber dagegen schmieren zum Teil, besonders beim Überradieren. Nur wenige Humorzeichner verzichten auf das Vorarbeiten mit dem Bleistift, dann jedoch ist der Kugelschreiber durchaus eine Alternative, wenn der Strich auch oft sehr fein ist.

Weiter verbreitet dagegen ist die Pinseltechnik. Der Schwung, den der Pinsel aus der Hand erfährt, ist dem Strich direkt ansehbar; er ist beim Aufsetzen auf das Blatt dicker und läuft dann in dynamischem Schwung dünner werdend aus.

Die meisten Comic-Zeichner sind in dieser Technik perfekt geübt, verwenden jedoch auch Normschreiber für bestimmte Linienstrukturen (Hintergrund) sowie Schraffuren.

Schraffur und Raster

Zwei oder mehrere Personen wirken etwas fade und unfertig, wenn nicht wenigstens bei einer eine Schraffur angelegt wird. Schraffuren können in unterschiedlichster Weise mit der Feder oder einem Normschreiber frei aus der Hand ausgeführt werden. Da ist zunächst die Parallelschraffur zu nennen, längs, quer oder diagonal mit dichtem Strich oder in größeren Abständen aufgetragen; entsprechend können Diagonal- und Längsschraffuren in zwei oder mehreren Lagen übereinander aufgetragen werden, bis fast zu totaler Schwärze. Interessant wirkt auch eine in verschiedenen Richtungen gruppierte Schraffur von Parallelstrichen.

Eine weitere Variante, eine ganze Palette von Grautönen zu erzeugen, ist die Punktmanier. Mit dem Normschreiber lassen sich verschieden dichte Punktraster anlegen, die auch einen fließenden Übergang von Hell nach Dunkel ermöglichen.

Das Rastern und Schraffieren mit der Hand macht die Zeichnung lebendiger und plastischer. Mitunter wird auch der Hintergrund abgedunkelt, um den Blick des Bildbetrachters sofort auf eine Personengruppe zu lenken.

Wem das Schraffieren aus der Hand zu mühselig erscheint, kann sich auch selbstklebender bemalbarer Rasterfolien bedienen, die der Fachhandel in ausreichender Auswahl anbietet. Die akkurate Parallelität der Linien sowie die gleichmäßige Verteilung und Größe von Punktrastern läßt die Humorzeichnung professionell wirken.

Schraffuren und Punktierung in verschiedenen Graustufen, aus der Hand gezeichnet

Kommerzielles Rasterfolienprogramm („Letraset" Gesamtkatalog, Ausschnitt aus dem Letratone-Programm)

Farbe

Große Zeitschriften ermöglichen mitunter auch die farbliche Darstellung von Humorzeichnungen. In einer ausgefeilten Reproduktionstechnik werden auch die Farben originalgetreu wiedergegeben. Für den Hausgebrauch bieten sich Tusche, Buntstifte und Filzschreiber zur farblichen Ausgestaltung an. Gut getrocknete schwarze Tuschelinien verlaufen nicht mehr, wenn sie farblich aquarelliert werden. Muß man auf Reproduktionstechniken keine Rücksicht nehmen, wirkt auch eine dunkelbraune Strichführung, mit Tinte aus Schreibern oder mit dem Pinsel aufgetragen, im Verbund mit Farben sehr harmonisch und nicht so plakativ kontrastreich wie das Schwarz. Hat man Zweifel, ob ein Humorbild gerastert oder in Farbe anzulegen ist, macht man einige Fotokopien des schwarz ausgeführten „Zwischenproduktes" und kann dann die Auswahl der richtigen Ausführungstechnik probieren.

Farbige Humorzeichnungen wirken als Wandschmuck sehr dekorativ und sind ein ausgezeichnetes Geschenk zu allen möglichen Gelegenheiten.

Einsatz der Humorzeichnung

Verschiedentlich wurde in den einzelnen Kapiteln auf einige Möglichkeiten hingewiesen, wo Humorzeichnungen immer wieder begeistern. Einige Beispiele seien hier näher erläutert.

Randzeichnungen

Nicht nur dieses Buch, sondern auch eine Reihe anderer leben mit der Auflockerung durch Randzeichnungen (Vignetten) auf. Mehr und mehr setzt sich der Wunsch durch, auch Humorzeichnungen mit einzubeziehen, und zwar selbst für wissenschaftliche Themen, die dem Humor lange Zeit nicht zugänglich waren. Daß ein Brief, mit einem Osterhasen verziert, besonders gut beim Empfänger ankommt, ist jedem sofort einleuchtend. Dabei können Humorzeichnungen über ihren informativen Gehalt hinaus durch die belustigende Art und Weise den Spaß an einem Artikel erhöhen.

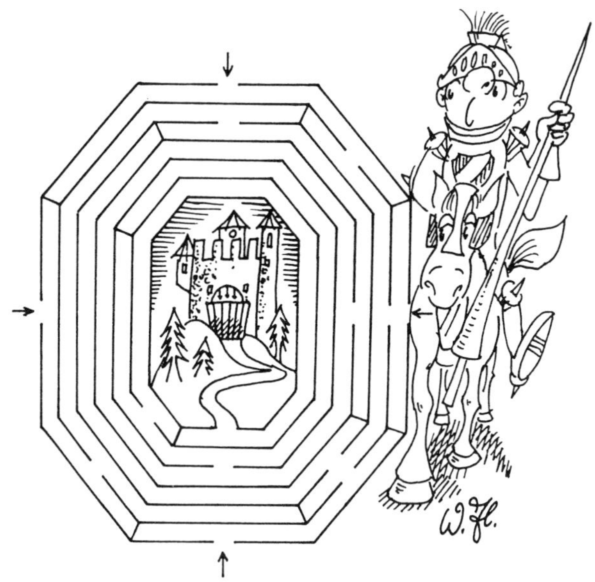

Vignette Labyrinth-Rätsel

Briefbogen-Vignetten (Mayflower, Hauptkatalog): Nehmen Sie sich ein Beispiel an diesen pfiffigen Ideen!

Originelle, humorvolle Tischkarte

Postkarten

Gelungene Humorzeichnungen, am besten solche, die keines erläuternden Textes bedürfen, eignen sich hervorragend für Kartengrüße. Allerdings ist eine lange Anschriftenliste wünschenswert, damit sich die Vervielfältigungen eines Cartoons lohnt; denn zwischen 50 und 100 Druckexemplaren wird erst der Stückpreis von ca. 1,– DM erreicht. Für wiederkehrende Feste, wie Ostern, Weihnachten oder Kindergeburtstage kann ein kleiner Vorrat origineller persönlicher Glückwunsch-, Einladungs- und Tischkarten nie schaden. Mitunter reichen auch einfache Fotokopien von einer geeigneten Vorlage.

Aufkleber und Buttons

Bei größeren Aktionen wie Jubiläen und Werbekampagnen erfreuen sich in den letzten Jahren auch die Aufkleber oder Buttons großer Beliebtheit. Auf knappem Platz etwas Humorvolles zustandezubringen, stellt eine besondere Herausforderung dar. Vielleicht fällt Ihnen etwas Treffendes für Ihren Verein, eine Interessengemeinschaft oder Firma ein. Die Druckereien machen Ihnen gern ein unverbindliches Angebot. Mit einigen hundert Mark muß allerdings gerechnet werden, je nach Auflagenhöhe und Farbe.

Mit Hilfe eines Zirkels läßt sich jedoch auch ein Button selbst machen, der mit einer Plastikklebefolie bedeckt, sogar jedem Wetter trotzt. Auch hier kann ein gutes Fotokopiergerät beim Verkleinern von Motiven helfen.

Einladungskarte zum Kindergeburtstag

Aufkleber mit Humor und hohem Aufmerksamkeitswert

+ BLUT SPENDE
JA BITT
Eine Aktion der Privaten Initiative für die Familie.
Kinder erwünscht.
Private Initiative für die Familie, Neherstr. 9, 8000 München 80
13. Int. 100
Marsch in
/6. September '81
Anmeldung: TV Unna G. Rettig
D 4750 Unna Buchenstr. 4
/16096
OPEL-ZOO
25 Jahre
Kronberg
Einfach toll!
Der Zoo im Grünen
reine sind international
DES LANDESSPORTBUNDES HESSEN E.V. 6000 FRANKFURT

Bier-, Hochzeits- und Vereinszeitungen

Die Reihenfolge in der Titelaufzählung entspricht einer Steigerung des Qualitätsanspruchs einer Humorzeichnung. Während die Bierzeitung am Ende eines Lehrgangs oder eines Schulabschlusses in feuchtfröhlicher Runde aus dem Geist von Dichtern und Zeichnern entsteht, indem persönliche Erlebnisse von Schülern, Lehrern und anderen glossiert werden, findet das gleiche bei der Hochzeitszeitung mit dem Brautpaar und ihnen Nahestehenden statt. Der Adressatenkreis weitet sich in der Vereinszeitung dann erheblich. So sind Texte und Humor allgemeiner gehalten — je nach Größe des Vereins natürlich. Aber auch hier dürfen die humorvollen Randzeichnungen und die Humorseite nicht fehlen, z.B. mit folgenden oder ähnlichen Themen:

- Personen-Karikaturen (Trainer, Sieger, Verlierer),
- gemeinsam Erlebtes (vom Kappenfest, Ausflug, Sportfest, Kegeln),
- allgemein Fachliches (Fußball-, Angler-, Jägerwitze).

Sammeln von Humorzeichnungen

Eine Reihe von Liebhabern schneidet sich regelmäßig die politischen Karikaturen aus den Tageszeitungen heraus, um sie dann säuberlich themenbezogen in ein Album zu kleben.

Ähnliches kann man mit selbsterdachten Humorzeichnungen (Witztypen) oder selbstgefertigten Prominenten-Karikaturen anfangen. Vielleicht hat der eine oder andere auch eine bestimmte Vorliebe für ein Sachgebiet, das seinem Beruf oder Hobby entstammt: etwa der Juristenhumor oder der religiöse Humor, Humorzeichnungen aus dem Bereich des Basketballs oder des Freizeitgärtners. All diese Gebiete lassen sich vorzüglich sammeln und selbst kreativ mit eigenen Arbeiten ergänzen. Die Präsentation wird ganz sicherlich zu einer Bereicherung des nächsten Vereinsabends oder beim kommenden Bekanntenbesuch.

Humorseite einer Vereinszeitung ·

Rudi's
Humorseite
Cartoons
von
Rudolf
Bierseidel

von
Dr. Heinr. Hoffmann

Mit Humorzeichnungen Geld verdienen?

Mit einer phantasievollen Humorzeichnung läßt sich auch manche Mark verdienen. Etliche Künstler leben davon. Ein Großteil der Zeichner entstammen künstlerischen Berufen: Graphiker, Designer, Architekten. Mitunter haben sich jedoch auch schon „Laien" im Humorzeichnen einen Namen gemacht, die völlig artfremden Berufen entstammen. In diesem Zusammenhang kann man gar nicht oft genug zwei Leitbilder stellvertretend für viele andere zitieren, deren Witz, Geist und Ideenreichtum mitunter auftretende zeichnerische Schwächen gänzlich kompensieren:

Zum einen denke ich aus der Vergangenheit an den bekannten Frankfurter Arzt Heinrich Hoffmann, den Vater des „Struwwelpeter" (1847) und aus der Gegenwart an den Münchner Filmregisseur Ivan Steiger, der uns vor allem in der „Frankfurter Allgemeinen Zeitung" von Tag zu Tag neben nachdenklichen Pointen auch eine Menge Humor serviert.

Die Honorare bemessen sich auf der Grundlage der Empfehlungen, die der Bundesverband der Pressebild-Agenturen herausgibt. Danach schwankt das Entgelt stark je nach Auflage der Publikation und Größe des Abdrucks. Bei den Humorbildern, wie man sie aus den bekannten Zeitschriften kennt, schwankt das Honorar zwischen 100,– und 250,– DM. Farbige Abbildungen können doppelte Beträge bringen. Zusatzhonorare in ähnlicher Größenordnung können verlangt werden, wenn man Exklusivrechte einräumt oder beim Abdruck auf die Nennung des eigenen Namens verzichtet. Anfänger sind gut beraten, sich den Zahlungsgepflogenheiten der Verlage anzupassen. Es ist üblich, die Humorzeichnungen nur als Kopie zu verschicken. Vielen Verlagen gebührt großer Dank, daß sie auch gerade Anfängern immer wieder Gelegenheit geben, Humorzeichnungen zu publizieren und ihnen mit Rat und Korrekturvorschlägen zur Seite stehen. Leider wechselt das Personal in den Redaktionen recht häufig und damit auch die „Geschmacksrichtung" der verantwortlichen Redakteure, so daß manch ein Humorzeichner nach einiger Zeit plötzlich auf Ablehnung stößt, weswegen auf der anderen Seite aber immer wieder Hoffnung für andere besteht.

Daß Zeitschriften überhaupt mit Humorzeichnungen gewürzt werden, ist keineswegs so selbstverständlich. Eine Reihe von Redaktionen verschmäht noch immer das gezielte Einstreuen humorvollen Bildmaterials. Dabei haben selbst kirchliche und wissenschaftliche Verlage das Medium „Humorzeichnung" für sich entdeckt. Sehr verdient im Abbau von Vorbehalten gegen das Veröffentlichen von vereinzelten oder auf einer Humorseite gehäuften Humorzeichnungen macht sich Herr Arno Koch vom Cartoon-Caricature-Contor (CCC), indem er mit spezifischen Vorschlägen seiner Münchner Agentur auf die Verlage zugeht.

Lokalzeitungen und kleinere Verlage haben zumeist nicht die Mittel, größere Honorare zu zahlen. Der Anfänger im Humorzeichnen sollte sich nicht zu schade sein, zumindest anfänglich auch auf sein Honorar zu verzichten, wenn nur seine Arbeit einem breiteren Publikum vorgestellt werden kann. Neben der finanziellen Seite kann der Lohn jedoch auch in Lob und Anerkennung bestehen, wenn man beispielsweise die Einladungskarten zur Jubiläumsfeier gestalten oder ein Plakat für die Schulfeier entwerfen darf, bei der Bierzeitung des Fußballvereins mitwirkt oder die Wände beim Feuerwehrball ausschmückt.

Struwwelpeterfiguren von Heinrich Hoffmann (1847)

Humorvolles Plakat für eine Schulfeier

Comic und Bilderbogen

Die Humorzeichnung höchster Perfektion gipfelt in den Großwerken Comic-Strip und Großszenario, bei denen mehrere Humorideen zeichnerisch verarbeitet werden. Die lassen sich von Wilhelm Buschs „Max und Moritz" oder Heinrich Hoffmanns „Struwwelpeter" über Walt Disneys „Micky Maus" bis zu Charles M. Schulz „Peanuts" und Uderzos „Asterix" bis in die Neuzeit verfolgen. Ganze Ganze Industrie-Imperien haben sich um die Humorfiguren gebildet, die neben den Comic-Heften auch Filme und Werbemittel vermarkten.

Während im Comic eine Geschichte in humorvollen Bildern erzählt werden kann, sind im Großszenario eine Reihe von witzigen Begebenheiten auf einem Bild zusammengefaßt, z.B. am Strand, im Fußballstadion, auf dem Bahnhof, beim Weihnachtseinkauf oder auch das Typische einer Stadt. Eine gute Raumaufteilung perspektivisch oder inhaltlich gewichtet, ist dabei von großer Bedeutung. Das erzählende Aneinanderreihen von Szenenbildern ist da vor allem für den Anfänger einfacher.

Zunächst muß eine Geschichte her, nacherzählt oder ausgedacht, möglichst mit Pointe (Mißverständnis, Verwirrung, Aha-Effekt). Dann wird die Handlung in unterschiedliche Bilder aufgeteilt. Im einfachsten Fall sind das zwei Szenen, im ausgedehntesten füllen die Bilder ein ganzes Comic-Heft.

In Zeitschriften sind zumeist Zweier-, Dreier- oder Vierer-Comicstreifen abgedruckt, neben oder untereinander. Das Zweier-Comic kann Episoden „vorher oder nachher", Mißverständnisse u.a. zum Inhalt haben.

Im Mittelpunkt vieler Comics steht eine Leitfigur (Micky-Maus, Asterix usw.). Sie zu finden und zu entwerfen ist ein zentrales Problem, sie dann in originelle Szenen zu setzen ein weiteres. Der brasilianische Humorzeichner Mauricio begann beispielsweise mit der Karikatur seiner Tochter Monica, um die sich mittlerweile über 200 andere Figuren ranken. Der Künstler wurde mit seinem Zeichner-Team in Brasilien zu einer vergleichbaren Institution wie Walt Disney.

Tochter Monica, Leitfigur des brasilianischen Humorzeichners Mauricio de Souza

Comic-Strips mit je einer entworfenen Leitfigur: der Gentleman GILBERT und der Schweißer THEODOR

Schweißer Theodor
Wie stell ich mich vor,
ich, der Schweißer THEODOR ?
Am besten mit etwas aus Stahl,
nicht schwierig ist die Wahl !
Kurz aufreißen,
dann autogen schweißen.
HEY
Noch von Schweißperlen befreit -
seid gegrüßt ! Es ist soweit !

START
UNSER
FRAN
Bis auf diesen Alten
Türme
hier werden alle
jeden Abend in
Erdboden ver-
senkt!
BÖRSE

Hallo, Jungs, jedem seinen Römer
F.A.Z.
RUNDSCHAU
GOLD
W. Hasenp

Literatur

Humorvolles Zeichnen ist auch verschiedentlich, was zur Abrundung angeregt sei, in Büchern und Heften angeboten worden. Die Studiengemeinschaft Darmstadt vertreibt seit vielen Jahren einen Fernkurs, der allerdings autodidaktische Veranlagung voraussetzt.

- Fernkurs der Studiengemeinschaft Werner Kamprath, Darmstadt, in 9 Heften (1988: über DM 1000,–) „Karikatur- und Pressezeichnen" (Ernst Zirnig)
- Das große gelbe Zeichenbuch. – Deutsche Fassung: Mammut-Presse, Bühl/Baden
- Walter Sperling: "Ich zeichne Karikaturen".– Fackel – Stuttgart (1957)
- Modern Cartoon – W. T. Foster Art Books, 430 West Sixth Street, Tustin, California 92680
- Hans Witzig: „Punkt, Punkt, Komma, Strich". (Bd. I) und Hans Witzig: „Einmal grad und einmal krumm". (Bd. II) – Niedernhausen: Falken (1982)

- Bob Heinz: „Für kleine Zeichner". – Buch und Zeit – Köln
- „Cartooning, Jobs for beginning Cartoonists" W.T. Foster, Royal Factories Talens & Zoon N.V., Apeldoorn, Holland
- Manfred Limmroth: „Karikaturen zeichnen" Otto Maier Verlag, Ravensburg (1970)
- Oliver Howat: „Zeichnen macht Spaß" Buch und Zeit VerlagsgesmbH, Köln (1985)

Eine gute Übersicht über das Thema Karikatur gewähren u.a. nachstehend zitierte Bände:

- E. Lucie-Smith: „Die Kunst der Karikatur". Weingarten: Kunstverlag Weingarten (1981)
- „Bild als Waffe. Mittel und Motive der Karikatur in fünf Jahrhunderten". – München: Prestel, 2. Aufl. (1985)
- „Karikatur, Spötter sehen unsere Welt", pro natur verlag, Stuttgart (1984)
- „Politische Karikatur seit 1968", Elefanten Press
- „Gipfeltreffen", Katalog zum Wettbewerb um den "Wilhelm-Busch-Preis" (1987)
- Franz Schneider: „Die politische Karikatur", Verlag C.H. Beck, München (1988)
- Davidsfond, Knokke-Heist, Belgien „Der Mensch will lachen" Katalog des jährlichen Cartoonfestivals, 27. (1988)

Wem das bloße Humorzeichnen zu oberflächlich erscheint, kann anhand folgender Publikationsbeispiele auch noch tiefer in die Materie eindringen:

- Sigmund Freud: „Der Witz und seine Beziehungen zum Unbewußten". – Frankfurt: S. Fischer
- L. Röhrich: „Der Witz, seine Formen und Funktionen, mit tausend Beispielen in Wort und Bild". – München: dtv (1980)
- Dietrich Grünewald „Karikatur im Unterricht" (Geschichte, Analysen, Schulpraxis) Belz Verlag, Weinheim (1979)

Stichwortverzeichnis